Python
で体験してわかる
アルゴリズムと
データ構造

西澤弘毅
Koki Nishizawa

森田 光
Hikaru Morita
[著]

近代科学社

◆ 読者の皆さまへ ◆

　平素より，小社の出版物をご愛読くださいまして，まことに有り難うございます．

　(株)近代科学社は 1959 年の創立以来，微力ながら出版の立場から科学・工学の発展に寄与すべく尽力してきております．それも，ひとえに皆さまの温かいご支援があってのものと存じ，ここに衷心より御礼申し上げます．

　なお，小社では，全出版物に対して HCD（人間中心設計）のコンセプトに基づき，そのユーザビリティを追求しております．本書を通じまして何かお気づきの事柄がございましたら，ぜひ以下の「お問合せ先」までご一報くださいますよう，お願いいたします．

　お問合せ先：reader@kindaikagaku.co.jp

　なお，本書の制作には，以下が各プロセスに関与いたしました：

・企画：山口幸治
・編集：山口幸治
・組版：藤原印刷 (LaTeX)
・印刷：藤原印刷
・製本：藤原印刷
・資材管理：藤原印刷
・カバー・表紙デザイン：藤原印刷
・広報宣伝・営業：山口幸治，東條風太

・本書の複製権・翻訳権・譲渡権は株式会社近代科学社が保有します．
・ JCOPY 〈(社)出版者著作権管理機構 委託出版物〉
　本書の無断複写は著作権法上での例外を除き禁じられています．
　複写される場合は，そのつど事前に(社)出版者著作権管理機構
　（https://www.jcopy.or.jp，e-mail: info@jcopy.or.jp）の許諾を得てください．

はしがき

　人が電卓を使って計算することは，自動車を運転することに例えられる．人は，からだで道具を操作し目的を達成する．道具は人の能力を増すだけで，目的の成否は人の操作による．

　21世紀初頭の現在，多くのソフトウェアにより，人の操作は減り，人のできることが増している．表計算ソフトが日常の計算を簡単にし，さらに，ワープロ，メール，webなどが加わり，パソコンがネットワークに結びついて，ますますたくさんのことができるようになった．自動車分野でも，文字通りの自動運転が目標になりつつある．

　あらゆる操作，特に繰り返される操作は，あらかじめプログラムを作っておき，それを計算機に参照実行させるのが自動化の基本である．しかし，プログラムそのものは人が作る——人がプログラミングする——と考えられ，自動化できない聖域と思われてきた．ところが，今や，人並みに学習機能があるAIがその聖域を駆逐すると言われる．

　その一方で，最先端の分野では，個人が独自に1からモノづくりをするのが当たり前になっている．また，プログラムを自作する世界では，人々が相互にプログラムのソース・コードを見せあい刺激を与えあう，オープン・ソースの環境で切磋琢磨しあう進歩が今後も続くであろう．

　プログラミングは料理に例えられる．料理は様々な素材を使って美味しいものを作る．これに対し，プログラミングでは，データ構造を選択し，効率があがるようにアルゴリズム（算法）を考える．そのために，アルゴリズムとデータ構造については，人として基本的な知識とイメージを持つ必要があり，本書はその導入に位置づけられる．

　本書は次のようなきっかけから生まれた．多くの類書は網羅的かプログラム満載で，1から学ぶ学習者にとっては敷居が高い．その一方で多くは，アルゴリズムを数式または自然言語のままにし，学習者が計算機で試すのに手間をかけさせている．そこで著者らは，アルゴリズムとデータ構造を15の課題に絞り，各々の章の前半で原理と事例によって理解を促し，後半でPython言語をベースにプログラムで確認できるようにした．

　なお，著者のひとりの西澤が，前任の鳥取環境大学（現：公立鳥取環境大学）で高校生にコンピュータを教えるセミナーがあり，そこで名古屋孝

幸先生と検討した経路探索の資料を本書に盛り込んでいる．特に，名古屋
先生には，資料の掲載許諾をいただき，また本書の理論面でのチェックも
お引き受けいただいた．ここに感謝申し上げる．しかし，本書に誤りや表
現不足があれば，それは著者の責に帰する所である．

　また，本書は，既存のアルゴリズムとデータ構造の教科書について，近
代科学社の山口幸治氏との議論の中から出てきた．伏してお礼申し上げる．

2018 年 3 月

著者らしるす

目　次

第1章　なぜアルゴリズムが重要か ………………………………………… 1

　1.1　アルゴリズムとは ……………………………………………………… 2

　1.2　アルゴリズムを学ぶことがなぜ重要か ……………………………… 2

　1.3　データ構造とは，データ構造がなぜ重要か ………………………… 3

　1.4　次章以降の構成 ………………………………………………………… 4

　1.5　練習問題 ………………………………………………………………… 6

　1.6　1章のまとめ …………………………………………………………… 6

　1.7　Python 演習 …………………………………………………………… 7

　　1.7.1　オブジェクトと型 ………………………………………………… 7

　　1.7.2　関数と変数 ………………………………………………………… 8

　　1.7.3　オブジェクトの性質 ……………………………………………… 9

　1.8　練習問題正解例 ………………………………………………………… 11

第2章　アルゴリズムを表現する様々な方法 …………………………… 13

　2.1　言葉による表現 ………………………………………………………… 14

　2.2　図による表現 …………………………………………………………… 14

　2.3　フローチャートによる表現 …………………………………………… 15

　2.4　擬似コードによる表現 ………………………………………………… 16

　2.5　アルゴリズムの正しさの保証 ………………………………………… 17

　2.6　練習問題 ………………………………………………………………… 18

　2.7　2章のまとめ …………………………………………………………… 18

　2.8　Python 演習 …………………………………………………………… 19

　　2.8.1　逐次実行 …………………………………………………………… 19

　　2.8.2　条件分岐 …………………………………………………………… 19

　　2.8.3　反復 ………………………………………………………………… 20

　2.9　練習問題正解例 ………………………………………………………… 23

第3章　アルゴリズムを比べる方法 ……………………………………… 25

　3.1　整列（ソート）とは …………………………………………………… 26

　3.2　選択ソートとは ………………………………………………………… 26

iv　目　次

3.3　選択ソートの随時交換版とは 28

3.4　練習問題 30

3.5　3 章のまとめ 30

3.6　Python 演習 31

　3.6.1　選択ソートの Python プログラム 31

　3.6.2　選択ソートの随時交換版の Python プログラム 33

3.7　練習問題正解例 35

第 4 章　アルゴリズムを思いつく方法 37

4.1　挿入ソート 38

4.2　バケットソート 41

4.3　練習問題 42

4.4　4 章のまとめ 42

4.5　Python 演習 43

4.6　練習問題正解例 47

第 5 章　アルゴリズムを改良するコツ 49

5.1　バブルソート 50

5.2　バブルソートの改良版 52

5.3　練習問題 54

5.4　5 章のまとめ 54

5.5　Python 演習 55

　5.5.1　バブルソートの Python プログラム 55

　5.5.2　バブルソートの改良版の Python プログラム 57

5.6　練習問題正解例 59

第 6 章　アルゴリズムを設計する方法 61

6.1　フィボナッチ数列 62

6.2　分割統治法 62

6.3　動的計画法 65

6.4　練習問題 66

6.5　6 章のまとめ 66

6.6　Python 演習 67

　6.6.1　分割統治法の Python プログラム 67

　6.6.2　動的計画法の Python プログラム 67

　6.6.3　再帰的定義による効率の良いフィボナッチ数列（リスト版） 68

　6.6.4　再帰的定義による効率の良いフィボナッチ数列（タプル版） 69

　6.6.5　再帰的定義による効率の良いフィボナッチ数列（多引数版） 70

6.7　練習問題正解例 71

目次　　v

第7章　問題に適した設計法とは …………………………………………………… 73

　　7.1　ハノイの塔問題 ………………………………………………………………… 74

　　7.2　最短経路の数え上げ問題 ……………………………………………………… 76

　　7.3　練習問題 ………………………………………………………………………… 78

　　7.4　7章のまとめ …………………………………………………………………… 78

　　7.5　Python 演習 …………………………………………………………………… 79

　　　　7.5.1　ハノイの塔問題の Python プログラム ……………………………… 79

　　　　7.5.2　最短経路の数え上げ問題の Python プログラム ………………… 79

　　　　7.5.3　ハノイの塔問題の移動回数の計算 …………………………………… 81

　　7.6　練習問題正解例 ………………………………………………………………… 83

第8章　設計法を応用した並べ替え ………………………………………………… 85

　　8.1　マージソート …………………………………………………………………… 86

　　8.2　マージソートにおける比較回数 ……………………………………………… 88

　　8.3　これまでのソートとマージソートの計算量の違い ……………………… 89

　　8.4　練習問題 ………………………………………………………………………… 90

　　8.5　8章のまとめ …………………………………………………………………… 90

　　8.6　Python 演習 …………………………………………………………………… 91

　　8.7　練習問題正解例 ………………………………………………………………… 95

第9章　分割統治法によるソートの分類 …………………………………………… 97

　　9.1　クイックソート ………………………………………………………………… 98

　　9.2　クイックソートにおける比較回数 …………………………………………… 100

　　9.3　選択ソート，挿入ソート，バブルソートと分割統治法 ………………… 100

　　9.4　練習問題 ………………………………………………………………………… 102

　　9.5　9章のまとめ …………………………………………………………………… 102

　　9.6　Python 演習 …………………………………………………………………… 103

　　　　9.6.1　クイックソートの Python プログラム ……………………………… 103

　　　　9.6.2　分割統治法による選択ソート ………………………………………… 104

　　　　9.6.3　分割統治法によるバブルソート ……………………………………… 105

　　　　9.6.4　分割統治法による挿入ソート ………………………………………… 106

　　9.7　練習問題正解例 ………………………………………………………………… 107

第10章　データ構造はなぜ重要か …………………………………………………… 109

　　10.1　2分探索木 ……………………………………………………………………… 110

　　10.2　2分探索木に対する節点の挿入と削除 …………………………………… 111

　　10.3　練習問題 ………………………………………………………………………… 114

　　10.4　10章のまとめ ………………………………………………………………… 114

　　10.5　Python 演習 …………………………………………………………………… 115

vi　目　次

　　　10.5.1　2分探索木への挿入の Python プログラム 115
　　　10.5.2　2分探索木からの削除の Python プログラム 117
　　10.6　練習問題正解例 119

第11章　データ構造に依存したアルゴリズム 121
　　11.1　スタック 122
　　11.2　キュー 123
　　11.3　深さ優先探索と幅優先探索 123
　　11.4　練習問題 126
　　11.5　11章のまとめ 126
　　11.6　Python 演習 127
　　　11.6.1　両端キュー 127
　　　11.6.2　深さ優先探索と幅優先探索の Python プログラム 127
　　11.7　練習問題正解例 131

第12章　データ構造を応用した並べ替え 133
　　12.1　ヒープ 134
　　12.2　ヒープソート 135
　　12.3　練習問題 138
　　12.4　12章のまとめ 138
　　12.5　Python 演習 139
　　12.6　練習問題正解例 143

第13章　データ構造の変更に応じた改良 145
　　13.1　ダイクストラ法 146
　　13.2　貪欲法 149
　　13.3　練習問題 150
　　13.4　13章のまとめ 150
　　13.5　Python 演習 151
　　　13.5.1　辞書による重み付き無向グラフの表現 151
　　　13.5.2　ダイクストラ法の Python プログラム 152
　　13.6　練習問題正解例 155

第14章　条件に応じた探索の改良 157
　　14.1　力まかせ探索とミニマックス法 158
　　14.2　枝刈り 160
　　14.3　練習問題 162
　　14.4　14章のまとめ 162
　　14.5　Python 演習 163

	14.5.1 ミニマックス法の Python プログラム	163
	14.5.2 枝刈りの Python プログラム	165
14.6	練習問題正解例	167

第 15 章　目的別のアルゴリズムとデータ構造 169

15.1	分割ナップザック問題	170
15.2	0-1 ナップザック問題	171
15.3	練習問題	174
15.4	15 章のまとめ	174
15.5	Python 演習	175
	15.5.1 分割ナップザック問題の Python プログラム	175
	15.5.2 01-ナップザック問題の Python プログラム	177
15.6	練習問題正解例	179

付録　Python を使うために！ 181

A.1	導入編	181
	A.1.1 インタプリタ上で Python を実行	181
	A.1.2 関数電卓利用	184
	A.1.3 プログラマブル関数電卓の利用	184
A.2	準備編（ツール入手など）	187
	A.2.1 ANACONDA の入手	187
	A.2.2 Python の翻訳情報と Python ツールの入手	187
	A.2.3 iOS 環境のツール類の入手	188
	A.2.4 ユーザ・インタフェース	188
A.3	Python スクリプトファイル・インタフェース	188

参考文献 191

索　引 193

第 1 章
なぜアルゴリズムが重要か

> **この章の目標**
> 1. アルゴリズムとデータ構造とは何か，それぞれを大まかに説明できるようになる．
> 2. アルゴリズムとデータ構造を学ぶことがなぜ重要か，それぞれの重要性を説明できるようになる．

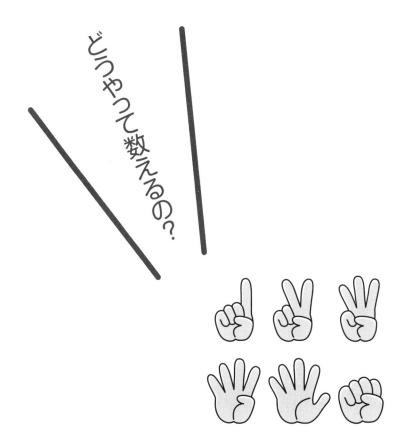

キーワード　アルゴリズム，データ構造，計算量，時間計算量，領域計算量

「アルゴリズム」と「データ構造」という言葉の意味は，大まかには以下のとおりである．

● アルゴリズム = 問題を解くための詳細な手順
● データ構造 = データの格納方法と，データの操作方法

これらを学ぶことがなぜ重要なのか，本章で説明していく．

1.1 アルゴリズムとは

アルゴリズム (algorithm) とは「問題を解くための詳細な手順」のことであり，ここでの「詳細な」とは，曖昧さがなく，コンピュータが間違いなく実行できる程度に詳細ということである．

たとえば，以下の問題を考えてみよう．

（問題）正の整数一つが入力 N として与えられるとき，1 から N までの整数の和を出力するにはどうしたらよいか？

この問題を解くアルゴリズムとして，以下の文を記しただけでは不十分である．

（アルゴリズム？）$1 + 2 + \cdots + N$ を出力

なぜなら，上記の記述では $1 + 2 + \cdots + N$ を「どのように」計算するかが明らかではないからである．たとえば，1 に 2 から N までを順に加えるのか，逆に N に $N-1$ から 1 までを順に加えるのか，など手順はいろいろ考えられる．アルゴリズムとは「何を求めるか」ではなく「どのように求めるか」を記したものなのである．

この問題を解くアルゴリズムは少なくとも以下のように二つある．

（アルゴリズム 1）　　1 に 2 から N までを順に加えて，その結果を出力
（アルゴリズム 2）　　$\frac{N(N+1)}{2}$ を出力

アルゴリズム 2 の出力が問題の答えに一致することは，図を使って理解できる．図 1.1 では，1 から N までの整数の和にあたる部分を着色部の面積で表している．白い部分は，それと上下が逆だが同じ面積の領域である．二つの領域を合わせた面積は，長方形の面積なので $N(N+1)$ と簡単に求められ，着色部の面積は長方形の半分である $\frac{N(N+1)}{2}$ として求められる．

1.2 アルゴリズムを学ぶことがなぜ重要か

アルゴリズムを学ぶことが重要な理由は，結果が同じでもアルゴリズムが異なれば，計算の効率が異なる可能性があるからである．

実際，前節のアルゴリズム 1 とアルゴリズム 2 は，どちらも同じ問題を解

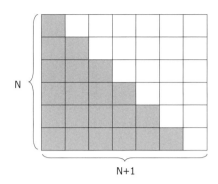

図 1.1 1 から N までの和（$N = 6$ の例）

いていることがわかるが，計算の効率は異なる可能性がある．それは，四則演算の使用回数に違いがあるためである．アルゴリズム 1 は，足し算を $N - 1$ 回実行しているが，掛け算と割り算は実行していない．アルゴリズム 2 は，足し算と掛け算と割り算を 1 回ずつ実行している．もし，足し算と掛け算と割り算の計算コストが同じであるならば，アルゴリズム 2 の方が効率が良いと言える．一方，掛け算と割り算の計算コストが足し算に比べて非常に大きい状況ならば，アルゴリズム 1 の方が効率が良いと言える．

したがって，今後，問題を正しく解けるアルゴリズムが設計できたからといって，満足してはいけない．同じ問題を解けるアルゴリズムは複数あるかもしれない．解いた結果は同じでも，計算時間が少なくて済むものや，計算に必要な記憶領域が少なくて済むものもある．

また，与えられたデータの傾向によってその効率が変わってくる場合もある．アルゴリズムの中で用いてよい命令が制限されると実行できなくなるものもある．そのようなアルゴリズムによる違いを学び，効率も考えてアルゴリズムを設計できるようにならなくてはならない．

▶[計算コスト]
計算のために必要な時間やメモリ領域の損失を指す．

▶[計算]
ここで言う計算とは，必ずしも数値計算のことではなく，機械的な処理全般のことを指す．

1.3 データ構造とは，データ構造がなぜ重要か

データ構造 (data structure) とは，大まかに言えばデータの格納方法と操作方法を決めたもののことである．コンピュータ内の記憶領域である**メモリ** (memory) は，基本的には番号づけられて並んだ領域であるが，そこに対してデータをどのように格納するのかということと，格納されているデータに対してどのような操作を許すかということは，慎重に決めなければならない．その選択を誤ると，アルゴリズムが遅くなったり記憶領域が無駄になったりしてしまう場合がある．

例として，配達システムの架空データを図 1.2 に示す．データ構造 (a) は，注文番号と宛先の住所と氏名をセットにして注文を列挙している．この方法でデータを格納すると，同じ宛先への注文が複数回あった場合に，

▶[データ構造の定義]
正確には，メモリに言及せず集合や写像などで数学的に定式化しただけの論理的なデータ構造と，メモリにまで言及する物理的なデータ構造が存在する．本書では，両方を総称してデータ構造と呼ぶことにする．

全く同じ住所と氏名が何箇所にも現れることになり，領域に無駄ができる．一方，データ構造 (b) は，宛先記号という記号を導入して表を二つに分けている．宛先記号という新しいデータが格納されているにもかかわらず，記憶領域は 20 マスで済んでおり，データ構造 (a) の 21 マスよりも少ない．このようにデータの格納方法の違いによって，記憶領域の使用効率は変わる．

データ構造 (a)				データ構造 (b)					
注文番号	住所	氏名		注文番号	宛先記号		宛先記号	住所	氏名
001	○県△市1-1-1	佐藤様		001	A		A	○県△市1-1-1	佐藤様
002	○県◇市2-2-2	鈴木様		002	B		B	○県◇市2-2-2	鈴木様
003	○県◇市2-2-2	鈴木様		003	B				
004	○県△市1-1-1	佐藤様		004	A				
005	○県◇市2-2-2	鈴木様		005	B				
006	○県△市1-1-1	佐藤様		006	A				
007	○県△市1-1-1	佐藤様		007	A				

図 1.2　データ構造の違い

　また，データ構造においてはデータの操作方法も重要となる．図 1.2 のデータ構造 (a) を用いる場合は，実際の配達の担当者には，各行の内容をそのまま表示すれば宛先は一目瞭然である．一方，データ構造 (b) を用いる場合は，配達の担当者は宛先記号だけを見てもどこに配達すればよいのかわからない．そこで，配達の担当者に対しては，二つの表を組み合わせて，実際の住所や氏名を示してあげる必要があるだろう．その組み合わせの操作に非常に長い時間がかかるのであれば，データ構造 (b) にもデメリットがあることになる．このようにデータの格納方法と操作方法をまとめて全体として適切なデータ構造を決めなければならない．

1.4　次章以降の構成

　2 章では，具体的にアルゴリズムを記述する方法について説明する．いきなり正確なアルゴリズムを記述するのは難しいので，図などのあいまいな表現から徐々に具体化していく流れを示す．

▶[正確なアルゴリズム]
　数学的には，アルゴリズムは計算可能性 (computability)という概念で厳密に定められている．

　3 章以降では，世の中ですでに知られているさまざまなアルゴリズムを紹介する．ただし，重要なことは，それらを丸暗記することではなく，アルゴリズムの大まかな種類や注意点を学んで，読者それぞれが解きたい問題に対して，自分でアルゴリズムを設計できるようになることである．本書では，アルゴリズムで解く「問題」の例として，整列と探索を多く取り上げる（図 1.3）．整列（ソート，sort）とは並べ替えのことで，たとえば自分のメールソフトの受信トレイに入っているメールを古い順に並べ替えたり，サイズの大きい順に並べ替えたりすることである．探索 (search) と

は，データの集まりから特定の値（あるいは特定の条件を満たす値）を探すことで，たとえばメールのうち差出人が A さんのものだけを探すことである．整列や探索というのはあまりに基本的な問題に思えるかもしれないが，いろいろなアルゴリズムを比較したり効率を分析するには，あつかう例が整列のようにシンプルな方が，本質がわかりやすくなるのである．

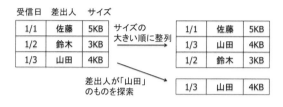

図 1.3　整列と探索の例

8 章では，アルゴリズムの効率を評価する尺度として**計算量 (complexity)** を学ぶ．特に計算にかかる時間を評価した尺度は**時間計算量 (time complexity)**，計算に必要となるメモリ内の記憶領域を評価した尺度は**領域計算量 (space complexity)** と区別して呼ぶ．

では，本章のアルゴリズム 1,2 の時間計算量は，それぞれどのような値になるのだろうか？まず，時間計算量とは「計算にかかる時間を評価した尺度」ではあるが，「何分何秒」といった正確な時間を用いることはできないことに注意しよう．なぜなら計算にかかる時間というものは，アルゴリズムやそれを実装したソフトウェアだけでなく，ハードウェアの性能にも依存するからである．したがってアルゴリズムを評価する尺度には適していない．そこで時間そのものではなく，アルゴリズムを構成する基本命令の実行回数で評価することが多い．整数の四則演算を基本命令とする場合は，アルゴリズム 1 では $N-1$ 回，アルゴリズム 2 では 3 回，基本命令が実行されると言える．

10 章以降でデータ構造について述べる．本章では具体的な配達システムや宛先記号を例に挙げたが，本書の残りの章では，もう少し抽象的なデータ構造について紹介し，データ構造の選択の要点が本質的にわかるようにする．

1.5 練習問題

1. 「正の整数一つが入力 N として与えられるとき，1 から始めて小さい順に N 個の奇数を足した数を出力するにはどうしたらよいか」という問題に対して，アルゴリズムを二つ考える．アルゴリズムの一つは「～から～までの～を順に」という表現を使って書け．また，その二つのアルゴリズムがどちらもこの問題の答えになることを説明せよ．

2. 以下のデータに，宛先記号という記号を導入して表を二つに分けて整理せよ．

注文番号	住所	氏名
001	○県△市1-1-1	佐藤様
002	○県◇市2-2-2	鈴木様
003	○県◆市3-3-3	山田様
004	○県△市1-1-1	佐藤様
005	○県◇市2-2-2	鈴木様
006	○県◇市2-2-2	鈴木様
007	○県◇市2-2-2	鈴木様
008	○県◆市3-3-3	山田様
009	○県◇市2-2-2	鈴木様
010	○県◆市3-3-3	山田様

1.6 1章のまとめ

1. アルゴリズムとデータ構造とは何か，それぞれ大まかに説明できるようになった．

   - アルゴリズムとは，「問題を解くための詳細な手順」のことであり，「何を求めるか」ではなく「どのように求めるか」を記したものである．
   - データ構造とは，データの格納方法と操作方法を決めたものである．

2. アルゴリズムとデータ構造を学ぶことがなぜ重要か，それぞれ説明できるようになった．

   - 実行結果が同じでも，アルゴリズムが異なると計算の効率が異なる場合があるためである．
   - 格納しているデータの全体が同じでも，格納方法が変わると記憶領域の使用効率が変わり，操作方法が変わると計算の効率が変わるためである．

1.7 Python 演習

本書の各章は，アルゴリズムの説明部分だけを読んでも理解できるように構成されているが，学んだアルゴリズムを実際にコンピュータ上で実行させたい人のために，プログラムも紹介している．本書では，プログラミング言語として Python（パイソン）を用い，各章に「Python 演習」という節を設けている．本章の Python 演習では，すでに Python の開発環境を整えた読者を対象に，Python の基本的なデータと命令について紹介する．

1.7.1 オブジェクトと型

Python におけるデータや処理の実体を総称して**オブジェクト (object)** と呼ぶ．各オブジェクトは**型 (type)** と呼ばれる「オブジェクトの種類」のいずれかに属している．Python の主な型と，その型に属するオブジェクトの例などを表 1.1 に示す．

▶[Python の開発環境]
Python の導入方法と，プログラミングから実行までの手順は付録で紹介しているので，まずは付録を確認してほしい．本書では Python3 の利用を前提とする．

▶[型]
各オブジェクトの型の名前は，Python インタプリタで type 関数を各オブジェクトに適用すれば自分で確認できる．

表 1.1 Python の主な型

型	オブジェクトの例	オブジェクトの性質		
`int`	0 や 1 や-2			
`float`	0.0 や-1.5			
`bool`	`True` と `False` のみ			
`NoneType`	`None` のみ			
`str`	`''` や`'abc'`	シーケンス	イテラブル	
`tuple`	`()` や `(2,)` や `(1,2,'a')`	シーケンス	イテラブル	
`range`	`range(0,4)`	シーケンス	イテラブル	
`list`	`[]` や `[2]` や `[1,2,'a']`	シーケンス	イテラブル	ミュータブル
`set`	`set()` や`{2}`や`{1,2,'a'}`		イテラブル	ミュータブル
`dict`	`{}`や`{1:'a',2:'b'}`		イテラブル	ミュータブル

型が重要なのは，型によってオブジェクトに適用できる演算が異なるためである．たとえば，`int` 型には整数，`float` 型には小数，`str` 型には**文字列 (string)** が，それぞれ属している．`+`演算は整数や小数に対しては足し算を意味するが，文字列に対しては連結を意味する．

```
>>> 1 + 2
3
>>> '1' + '2'
'12'
```

bool 型には真偽値の True（真）と False（偽）のみが属する．NoneType
型は「値が指定されていない」ことを意味する値 None のみが属する特殊
な型である．

tuple 型のオブジェクトは**タプル (tuple)**，list 型のオブジェクトはリ
スト (list) とも呼ばれる．どちらも有限個のオブジェクトからなる列を表す
が，後述するミュータブルという性質があるかどうかが主な違いである．
set 型のオブジェクトは**集合 (set)** とも呼ばれ，タプルやリストと異なり要
素の順序と重複を無視する．このことを比較演算子==を使って確かめよう．
==は，二つのオブジェクトの見た目が異なっていても，意味が同じであれ
ば True を返す演算子である．==は連続して使えることにも注意しよう．

```
>>> [3,2,3] == [2,3,3]
False
>>> {3,2,3} == {2,3,3} == {2,3}
True
```

型が異なっていても，より広い種類への型変換が自動的に行われて「意
味が同じ」と判定されることがある．

```
>>> True == 1 == 1.0
True
```

range 型は 3 章で，dict 型は 13 章で解説する．

1.7.2　関数と変数

Python に実行させたい「処理」を記述して名前をつけたものを**関数 (func-
tion)** という．1.1 節で例に挙げた整数の和を求めるアルゴリズム 1,2 をそ
れぞれ関数 sum1 と sum2 として実装した Python プログラムをソースコー
ド 1.1 に示す．

ソースコード **1.1**　sum_of_numbers.py

```python
1  def sum1(n):
2      s = 1
3      for i in range(2, n + 1):
4          s = s + i
5      return s
6
7  def sum2(n):
8      return n * (n + 1)//2
```

関数を呼び出して実行するには，関数名のあとに処理に必要な情報をカッコに囲んで与えればよい．この「処理に必要な情報」を**引数** (argument) と呼ぶ．今回の関数 sum1 と sum2 の引数は正の整数である．引数を複数取る関数もある．

```
>>> from sum_of_numbers import sum1,sum2
>>> sum1(4)
10
>>> sum2(4)
10
```

関数は def 文で定義し，def のあとに関数名と，引数の名前（今回の関数 sum1 と sum2 の場合は n）を記述する．実行させる処理の内容は：（コロン）の次の行からインデント（字下げ）をして記述しなければならない．

return 文は関数の実行終了と返り値の指定をする文である．**返り値** (return value)（あるいは**戻り値**）とは，関数の実行が終了した際にその関数を呼び出した側に伝えることのできる情報である．ソースコード 1.1 の関数 sum1 と sum2 の返り値はいずれも 1 から n までの和である．したがって，どちらも同じ結果を返す．

「名前＝オブジェクト」という文でオブジェクトに名前をつけることができ，その名前のことを**変数** (variable) という．

正式には変数がオブジェクトを**参照する** (refer) という．

変数名は定義された関数の中でしか有効でない．たとえば，ソースコード 1.1 の中の n は変数であるが，sum1 が受け取る n と sum2 が受け取る n は区別される．

1.7.3 オブジェクトの性質

表 1.1 でシーケンス (sequence) と書かれているオブジェクトはいずれも，要素を 0, 1, 2, . . . と番号付けて格納しているオブジェクトであり，後ろに [番号] をつけることで個々の要素を評価したり，+演算で連結したりすることができる．後半の章で紹介するスライスという演算も使える．

```
>>> x = [10,20,30]
>>> x[1]
20
```

イテラブル (iterable) なオブジェクトは，格納している要素一つ一つについて同じ処理を繰り返して行わせるための，for 文が使える．詳しいことは 3 章以降で紹介するが，要素の数を len 関数で確認したり，特定のオブジェ

▶[インデント]
　本書ではインデントは半角 4 文字で統一しておく．インデントは tab キーではなくスペースキーで行うこと．

▶[変数]
　変数名に使えない文字や単語もあるので，詳しくは「The Python Language Reference」を参照すること．

▶[参照]
　変数にオブジェクトを「代入」するという表現を使うこともある．しかし，変数はオブジェクトを格納する箱のようなものではなく，オブジェクトにつける名前でしかないので注意すること．詳しいことは後述する．

10　第 1 章　なぜアルゴリズムが重要か

クトの有無を in 演算で判定したりもできる．ソースコード 1.1 の 3,4 行目
は，変数 i に 2 から n の値を順に代入し，そのたびに文 s=s+i を実行させ
るという意味である．これにより関数 sum1 はアルゴリズム $1 + 2 + \cdots + n$
を実現している．

　ミュータブル (mutable) なオブジェクトは，オブジェクトの中身を変更
できる．

　ミュータブルなオブジェクトを変数で参照する場合は注意が必要である．
なぜなら，同じオブジェクトを複数の変数が参照することもでき，ある変
数の参照するオブジェクトの変更が，他の変数にも反映されることがある
からである．たとえば，以下の変数 x,y は同じリストを参照している．こ
こで x の中身を変更すると，y の中身も変更されることがわかる．

> ▶[ミュータブル]
> 　「変数がどのオブジェクト
> を参照しているか」という対応
> 付けを変更するのではなく，オ
> ブジェクトそのものの中身を
> 変更できることが特徴である．

```
>>> x = [10,20,30]
>>> y = x
>>> x[1] = 40
>>> y
[10, 40, 30]
```

　なお，プログラム中で二つの変数が参照しているオブジェクトが同じか
どうか確認したい場合は，比較演算子 is を使えばよい．実はオブジェクト
には製造番号のような番号がつけられており，is は両者の製造番号が同じ
場合に True を返す演算子である．

```
>>> x = [1,2,3]
>>> y = x
>>> x is y
True
```

　ミュータブルなオブジェクトにはデメリットもある．集合は「重複」を
無視するが，重複とは下のように「意味が同じこと」を指す．

```
>>> {1, 1.0, True} == {1}
True
```

　仮に，ミュータブルなオブジェクトを集合に入れてしまうと，その値を
変更するたびに重複の判定が必要になるため，ミュータブルなオブジェク
トは集合には入れられない決まりになっている．タプルはミュータブルで
はないので，集合に列を入れたい場合は，タプルを入れればよい．

1.8 練習問題正解例

> **練習問題 1 の正解例**
>
> （アルゴリズム 1）　1 に 3 から $2N-1$ までの奇数を順に加えて，その結果を出力
>
> （アルゴリズム 2）　N^2 を出力
>
> 以下の図（$N=4$ の例）では，数を四角の集まりとして表し，1 から始めて小さい順に N 個の奇数を足したものが，$N \times N$ 個になることを確認できる．
>
>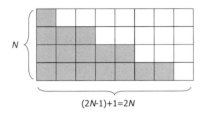
>
> また，以下の図でも，N 個の奇数を足したものが $N \times N$ の正方形になることを確認できる．
>
>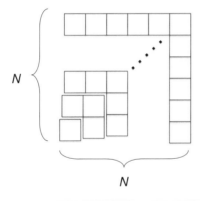

12   第 1 章　なぜアルゴリズムが重要か

───── 練習問題 2 の正解例 ─────

注文番号	宛先記号
001	A
002	B
003	C
004	A
005	B
006	B
007	B
008	C
009	B
010	C

宛先記号	住所	氏名
A	○県△市1-1-1	佐藤様
B	○県◇市2-2-2	鈴木様
C	○県◆市3-3-3	山田様

第 2 章

アルゴリズムを表現する様々な方法

> **この章の目標**
> アルゴリズムを，フローチャート，擬似コード，Pythonプログラム，などの異なる手段で表現できるようになる．

頂上への道は一つとは限らない

キーワード フローチャート，擬似コード，逐次実行，条件分岐，反復

14 第2章 アルゴリズムを表現する様々な方法

　前章で，アルゴリズムとは「問題を解くための詳細な手順」であることがわかった．本章では，具体的にアルゴリズムを記述する方法をいくつか紹介する．

　本章の中心的な例として，整数の除算の方法を取り上げることにする．ここでいう整数の除算とは，割る数と割られる数がどちらも整数であるだけでなく，答えも小数点以下を無視して整数部分のみ（商）を求める割り算のことである．また，割られる数も割る数も正の整数だけを対象とする．

　小学校で習う方法では，乗算の部分を簡単にするために割られる数を一度に扱わず，桁ごとに段階的に求めていくことになっている．一方，本章では，乗算は何桁でも瞬時に求められると仮定し，割られる数を桁で区切ることはしないものとする．

2.1　言葉による表現

　整数の除算は誰もが小学校で習う方法だが，言葉で説明しようとすると意外と複雑な手順であることがわかる．とりあえず手順を言葉で表したものが図 2.1 である．

割られる数を m として受け取り，割る数を n として受け取り，$n \times a \leqq m$ を満たすような a のうちで最大の値を商として出力して終了する

図 2.1　アルゴリズムとして不十分な整数の除算の説明の例

　しかし，これはアルゴリズムとしては不十分である．理由は，「$n \times a \leqq m$ を満たすような a のうちで最大の値」をどのように求めるのかが不明だからである．したがって，その部分を具体的に手順化する必要がある．

2.2　図による表現

　最初からアルゴリズムを厳密に記述することが難しい場合，とりあえず図で表現してみることも一つの方法である．ここで「$n \times a \leqq m$ を満たすような a のうちで最大の値」を求める際に，自分が何を行なっているか自己分析してみよう．とりあえず入力を限定して，$13 \div 3$ の場合を想像してみることにする．多くの人は，頭の中で $3, 6, 9, \ldots$，と割る数 3 の倍数を列挙し，どの段階で 13 を超えるか，確認する作業をしているはずである．これを図にすると図 2.2 のようになるだろう．

　図 2.2 が表している手順は以下のとおりである．まず商 a の候補として 1 を仮定し，$n \times a$ が m を超えているかどうか計算して確認する．この場

2.3 フローチャートによる表現   15

m=13, *n*=3の場合の図

a	$n \times a > m?$
1	No （3 > 13）
2	No （6 > 13）
3	No （9 > 13）
④	No （12 > 13）
5	Yes （15 > 13）

答えは 4

図 2.2　アルゴリズムとして不十分な整数の除算 $(m \div n)$ の図の例

合は $3 > 13$ は成り立たないので，次に a を 2 にして確認する．この場合
も成り立たないので，次に a を 3 にして確認する．このように a を 3, 4, 5
と増やしながら，$n \times a$ が m を超えているかどうかを確認していく．a を
5 にした時，初めて $n \times a$ が m を超えたことがわかる．そうしたら手順を
やめ，直前の $a = 4$ を答えとする．

　整数の除算を図で表したことによって，いきなり文章で表そうとするよ
りは具体的な手順が明らかになった．それが図で表現することの利点で
ある．注意点としては，あくまでも図で表した入力例（図 2.2 の場合は
$m = 13, n = 3$ のこと）についてしか表現できていないことがある．他の入
力例に対しても手順として有効かどうか確信は持てないだろう．したがっ
て図もアルゴリズムの表現としては不十分である．

2.3　フローチャートによる表現

　図による表現はアルゴリズムとしては不十分だが，重要な情報を浮き立た
せてくれることが多い．図 2.2 でいえば，「$a = 1$ という初期設定」「a を 1
増やす処理」「$n \times a > m$ についての確認」などが重要な情報である．これ
らをどのような順番で行なっているか，矢印を使って表現してみよう．今
度は特定の入力例に関する図ではなく，任意の入力に対して計算方法が確
実に定まるように記述してみる．そのような処理の流れを表す図を**フロー
チャート (flowchart)** という．整数の除算のフローチャートを図 2.3 に示す．

　フローチャートには重要な仕組みが三つ現れている．一つ目は，計算は
「開始」から始まり，特に矢印で示されていない場合は上から順に実行され
るという点である．この仕組みを**逐次実行 (sequential execution)** という．

　二つ目は，$n \times a > m$ と書かれたひし形である．ひし形は，中に書かれ
た条件式が成り立つ場合は「Yes」の先に実行を移し，そうでない場合は
「No」の先に実行を移すことを表す．このように，状況に応じて行うべき
計算を変える仕組みを**条件分岐 (conditional branch)** という．$n \times a > m$ な

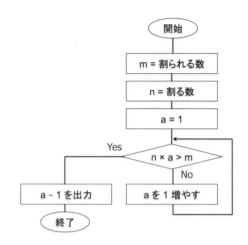

図 2.3　整数の除算のアルゴリズムのフローチャート

どの条件式の部分があまりに複雑になる場合は，必要な計算ができるだけ条件分岐の前までに済むような記述にするか，その条件式の内容を計算するアルゴリズムは別途記述するなどすべきだろう．

三つ目は，「a を 1 増やす」の下からひし形の上に矢印が戻っている部分である．この仕組み自体は，必ず特定の箇所に移行する**無条件ジャンプ** (unconditional jump) という仕組みだが，それによってひし形の条件分岐と「a を 1 増やす」の処理を何回か繰り返す意図を実現できることが重要である．処理の繰り返しを**反復** (iteration) ともいう．

上記の「逐次実行」「条件分岐」「反復」はアルゴリズムを詳細に記述する際の「詳細さ」の一つの目安になる構造であり，**制御構造** (control structure) と呼ばれる構造に属する．アルゴリズムを記述する際には，手順の中に隠れている制御構造についてはできるだけ明確に記述することが望ましい．

2.4　擬似コードによる表現

整数の除法をフローチャートとして表現できたところで，あらためて言葉で表現し直してみよう．ただし今度は，図 2.1 のように無理に 1 文で表現しようとせず，フローチャートで長方形やひし形に区切られていた各命令を，箇条書きのように 1 行ずつ区切って言葉にしてみよう．図 2.3 のフローチャートには長方形とひし形が合計 6 個あるので，1. から 6. の箇条書きにして表現する．箇条書きとして書き直した整数の除算のアルゴリズムが図 2.4 である．

図 2.4 は単なる箇条書きではあるが，フローチャートを基にして記述したため，手順が明確に表されている．このように「プログラムに近い程度に詳細に書かれた箇条書き」を**擬似コード** (pseudocode) という．

1. 割られる数を m として受け取る
2. 割る数を n として受け取る
3. 商の候補として $a = 1$ を用意する
4. $n \times a > m$ であれば，手順 6. に移る
5. そうでなければ，a の値を 1 増やして上記 4. の手順に戻る
6. $a - 1$ を商として出力して終了する

図 2.4 整数の除算のアルゴリズムの擬似コード

2.5 アルゴリズムの正しさの保証

整数の除法の手順をフローチャートや擬似コードとして表現したことで，とりあえずアルゴリズムとして曖昧な点のない表現が得られた．しかし，このアルゴリズムで本当に除法の商が正しく求まるかどうかは，明らかではないことに注意しよう．

得られたアルゴリズムやプログラムが求めるべき答えを正しく導出しているかどうかを，どう確かめたらよいか，という問題は，専門家の間でも未だ研究中の課題である．アプローチとしては，有限個の入力例を試して出力が正しいかどうか確認するという**テスト** (test) と呼ばれる手法が伝統的であるが，これはあらゆる入力に対して確認したことにはならないのは明らかであろう．そこでアルゴリズムが満たすべき**仕様** (specification) をまず数学的に厳密に記述し，得られたアルゴリズムがどんな入力に対しても仕様を満たすことを数学的に証明するアプローチがとられる．数学，論理学，計算機などの力を総動員して正しさの保証を目指す**形式手法** (formal method) という手法も近年盛んに研究されている．

上述の手法を含め，アルゴリズムやソフトウェアを高い品質で開発する方法の研究分野は**ソフトウェア工学** (software engineering) と呼ばれ，現在でも活発に研究が行われている．

18   第 2 章 アルゴリズムを表現する様々な方法

2.6 練習問題

1. 三つの整数 x, y, z を入力として受け取り，三辺の長さが x, y, z であるような三角形について「A. 正三角形」「B. 正三角形ではない二等辺三角形」「C. 正三角形でも二等辺三角形でもない普通の三角形」「D. 三角形ではない」のうち正しい答えを出力するアルゴリズムを考え，フローチャートとして記述せよ．ここでひし形の中の条件式としては，「x」「y」「z」「$+$」「$>$」「$<$」「$\leqq$」「$\geqq$」「$=$」「かつ」「または」という記号や用語しか使ってはいけないものとする．ただし，三つの入力 x, y, z は整数ということしか決まっておらず，正の数が入力されるとは限らないことに注意すること．もちろん長さが正でない場合は三角形ではない．

2. 上記 1. のフローチャートを擬似コードとして表現せよ．ただし，フローチャートに現れる長方形やひし形の一つずつに対し，箇条書きの番号の一つずつを対応させよ．

2.7 2章のまとめ

1. 考えたいアルゴリズムを，言葉，図，フローチャート，擬似コード，と段階的に表現していくことで，徐々に具体的に表現できていくことを理解できた．

2. 逐次実行，条件分岐，反復，などの制御構造については特に気をつけて具体的に記述すべきであることが理解できた．

2.8 Python 演習

本章の Python 演習では，制御構造の「逐次実行」「条件分岐」「反復」について Python プログラムとして実現する方法を説明する．

2.8.1 逐次実行

Python では，インタプリタ上の入力でも Python プログラム（.py ファイル）でも，行ごとに命令が分かれていることが基本であり，上の行から順に命令を逐次実行していくことになっている．ただし複数の命令を；（セミコロン）で区切って 1 行に記述することもできる．

```
>>> x = 1 ; x = 2
>>> x
2
```

また，() や [] などのカッコ類の内部では，途中で改行しても命令は続いているものとみなされる．

```
>>> (1 +
... 2)
3
```

インタプリタ上で，改行しても命令が続いていると判断されている場合は，... が左端に表示される．インタプリタ上で複数行にわたる命令の終了を宣言するためには，最後の ... の後でもう一度改行すればよい．

```
>>> def test(n):
...     return n+1
...
>>>
```

2.8.2 条件分岐

条件分岐を実現するには if 文を用いる．if 文には，キーワード else による else 節を付けることもできる．if 文の意味をフローチャートで説明した図が図 2.5 である．

キーワード if の直後の条件が成り立つ場合は，直後のインデント部分（ブロック A）が実行される．条件が成り立たない場合は，else 節があればブロック B が実行され，なければ何も実行されない．ブロックは複数行にわたっても構わない．

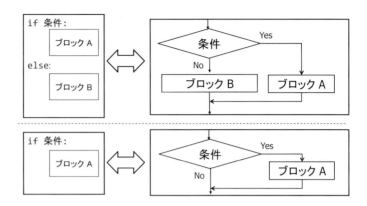

図 2.5 if 文のフローチャート

ここで，ブロックの中に if 文が含まれても構わない，ということに注意しよう．たとえば図 2.6 のように，点線部のブロック内に if 文を入れることもできる．その場合，インデントが深くなりプログラムが読みにくくなるため，elif というキーワードが用意されており，図 2.6 の最も左側の図のように単純に書き直すことができる．

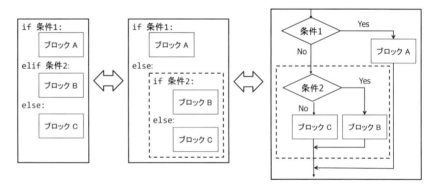

図 2.6 elif 節のフローチャート

2.8.3 反復

Python には，反復を実現する構文がいくつか用意されている．本節では while 文について説明する．while 文のフローチャートが図 2.7 である．

ここで，ブロック A が実行されるのは，条件が「成り立つ場合」であることに注意しよう．たとえば，図 2.3 で表現した整数の除法のフローチャートでは，「$n \times a > m$」が成り立たないときに「a を 1 増やす」という処理を繰り返している．これを while 文で表現するには，繰り返す条件として，逆の「$n \times a \leqq m$」という式に書き改める必要がある．記述した Python プログラムをソースコード 2.1 に示す．

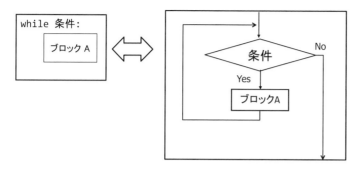

図 **2.7** while 文のフローチャート

ソースコード **2.1**　division.py

```
1  def divide(m,n):
2      a = 1
3      while n * a <= m:
4          a = a + 1
5      return a - 1
```

　このプログラムの動作を確認しよう．ただし，最終結果を出力させるだけでは，途中経過がアルゴリズムどおりかはわからない．そこで標準出力をさせる print() 関数とセミコロンを使って，while 文のブロックの中に変数 a の値を出力させる命令を追加したものがソースコード 2.2 である．

ソースコード **2.2**　division_print.py

```
1  def divide(m, n):
2      a = 1
3      while n * a <= m:
4          print(a) ; a = a + 1
5      return a - 1
```

　このプログラムの動作を確認してみると，以下のとおり，最終結果の 4 の前に 1 から 4 が出力されている．このことから，アルゴリズムどおりに a が 1 から順に増えていることがわかる．

22   第 2 章　アルゴリズムを表現する様々な方法

```
>>> from division_print import divide
>>> divide(13, 3)
1
2
3
4
4
```

if 文や while 文の条件式の中で記述できる比較演算子を表 2.1 に示す.

表 **2.1**　Python の比較演算子

式	意味
x < y	x は y より小さい
x <= y	x は y より小さいか等しい
x > y	x は y より大きい
x >= y	x は y より大きいか等しい
x == y	x は y と等しい
x != y	x は y と等しくない
x is y	x は y と同じオブジェクト
x is not y	x は y と同じオブジェクトではない
x in y	x は y に含まれる
x not in y	x は y に含まれない

また, 条件式を組み合わせるために使用できる論理演算子を表 2.2 に示す.

表 **2.2**　Python の論理演算子

式	意味
x or y	x と y の少なくとも一つが True ならば True
x and y	x と y の両方が True ならば True
not x	x が False ならば True

2.9 練習問題正解例

─ 練習問題 1 の正解例 ─

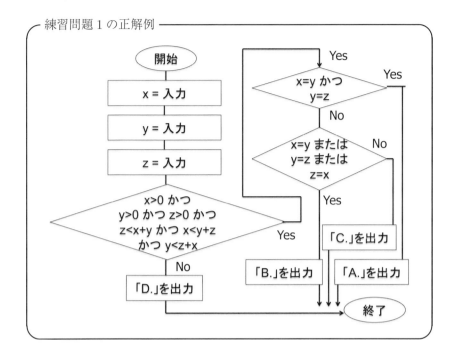

─ 練習問題 2 の正解例 ─

1. 入力を x として受け取る
2. 入力を y として受け取る
3. 入力を z として受け取る
4. $x > 0$ かつ $y > 0$ かつ $z > 0$ かつ $z < x+y$ かつ $x < y+z$ かつ $y < z+x$ ならば，手順 6. に移る
5. そうでなければ，「D.」を出力して終了する
6. $x = y$ かつ $y = z$ ならば，手順 10. に移る
7. そうでなければ，$x = y$ または $y = z$ または $z = x$ ならば，手順 9. に移る
8. そうでなければ，「C.」を出力して終了する
9. 「B.」を出力して終了する
10. 「A.」を出力して終了する

第 **3** 章

アルゴリズムを比べる方法

この章の目標
1. 整列のアルゴリズムにはどのようなものがあるか，複数の例を挙げられるようになる．
2. 入力の内容によって計算回数の大小が変わってくる場合の比較の仕方を説明できるようになる．

キーワード 選択ソート，最悪計算量，平均計算量

26　第 3 章　アルゴリズムを比べる方法

前章までで，二つのアルゴリズムを比較するためには，基本命令の計算回数などを基準とすればよいことがわかった．しかし，入力の内容によって計算回数が変化する場合は，どのように比較したらよいだろうか．本章では，整列のアルゴリズムを二つ紹介し，計算回数が変化する場合の比較の仕方を説明する．

3.1　整列（ソート）とは

並べ替えのことを整列（ソート）と呼ぶ．本章では理解しやすくするために「整数を昇順に並べる並べ替え」のみを扱う．

ここで**昇順 (ascending order)** とは，小さい値ほど先頭に近くなるように並べる方法で，**降順 (descending order)** とは大きい値ほど先頭に近くなるように並べる方法のことである．先頭とは左端のこととする．

記号で表すと，入力は正の整数 n と，n 個の整数からなる整数列 $A[0], A[1], ..., A[n-1]$ となる．

本書では列を 0 番目から数えることを基本とする．また，列には [ ] をつけて $[8, 4, 3, 9, 6]$ のように表す．したがってこの列を昇順に並べ替えると $[3, 4, 6, 8, 9]$ となる．

3.2　選択ソートとは

本節では，整列アルゴリズムの基本的な例として選択ソートを説明する．**選択ソート (selection sort)** とは，図 3.1 のようなアルゴリズムである．

> 1. ソート対象の列の中から最小値を見つけ，その値と先頭を交換する．
> 2. 先頭を除いた残りの列をソート対象とし，1. に戻る．
>   ソート対象の列の要素が 1 個になったら停止する．

図 3.1　選択ソートのアルゴリズム

たとえば，入力が $n = 5$ と列 $[8, 4, 3, 9, 6]$ の場合を手順を図 3.2 にように示す．本章では，アルゴリズムの計算量を測る手段として，アルゴリズム中で実行された比較と交換の回数に着目する．

このアルゴリズムのポイントは，手順の 1. で先頭に移動した最小値は，もう移動させる必要がないことである．なぜなら昇順では最小値は必ず先頭に来なければならないからである．その手順を残りの列にも適用し，「残りの中の最小値を残りの中の先頭と交換する」という手順を繰り返すというわけである．

注意しなければならないのは，図 3.2 の手順②である．ここでは偶然，先

▶[並べ替えの可能性]
一般には，整数以外のものでも，全順序 (total order) が定義されていればどのようなデータ集合でも並べ替えることは可能である．全順序とは，二項関係 $\leq$ で任意の要素 x, y, z について，反射律 $(x \leq x)$ と推移律 $(x \leq y$ かつ $y \leq z$ ならば $x \leq z)$ と反対称律 $(x \leq y$ かつ $y \leq x$ ならば $x = y)$ と完全律 $(x \leq y$ または $y \leq x)$ が成り立つもののことをいう．

▶[並べ替えの種類]
一般には，同じデータ集合でも大小の定義が異なれば並べ替えた結果も異なる．たとえばメールを並べ替えるにしても，受信日時の古い順に並べ替えるのか，サイズの小さい順に並べ替えるのか，などの基準によって結果が異なるということである．

3.2 選択ソートとは

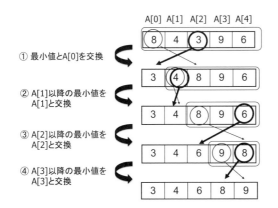

図 3.2 選択ソートの流れ（入力例 [8,4,3,9,6]）：丸印は比較対象，矢印は交換

頭の 4 自体が最小値でもあり，「先頭と最小値の交換」は不要であることは明らかである．しかし図 3.1 の選択ソートのアルゴリズムにはそのような例外処理は書かれていないので，ここでは「4 と 4 の交換」は行なったとし，交換の回数にも数える．

忘れてはならないのは，途中で必要となる「列から最小値を見つけるアルゴリズム」をどうするか，ということである．ここでは，スポーツ等で行われるトーナメント戦を参考にする．今回は整数の最小値を求めたいので，「整数と整数が比較という名の試合をして，小さい方が勝ち進む」というトーナメント戦を考え，図 3.3 のような偏ったトーナメントにする．この図の厳密なアルゴリズムの記述は省略する．

▶ [不要な交換]
もちろん，「先頭が最小値でもある場合は交換しない」という例外処理を付け加えた新たなアルゴリズムを考えることはできるが，例外処理が増えすぎるとかえって計算時間がかかる可能性もある．

▶ [偏ったトーナメント]
トーナメントの構造が平等でなくても優勝者が最小値には違いないので問題はない．こうなるとトーナメントというよりは挑戦者に対する暫定最小値の防衛戦とみなした方がよいかもしれない．不公平な形にした理由は，この方がアルゴリズムとして単純になるからである．また，下へ下へと加筆しやすいように図 3.3 は通常のトーナメントとは上下を逆にしたがアルゴリズムとしては関係ない．

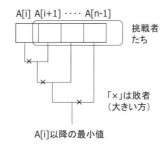

図 3.3 最小値の求め方の流れ

例題 3.1

図 3.2 の列 [8, 4, 3, 9, 6] の選択ソートの①から④の経過を図に描け．また，①から④のそれぞれの中での「比較の回数」と「交換の回数」を答えよ．最後に，「比較の合計回数」と「交換の合計回数」も答えよ．

28   第3章 アルゴリズムを比べる方法

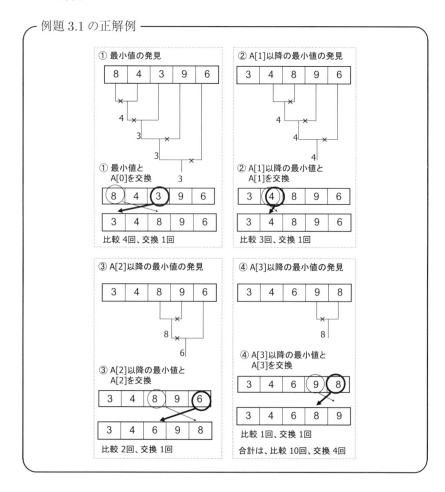

例題3.1の正解例

3.3 選択ソートの随時交換版とは

前節の例題3.1で選択ソートの比較と交換の回数を数えたが，列の長さがnであれば必ず，比較が合計$1+2+\cdots+(n-1)=\frac{n(n-1)}{2}$回，交換が合計$n-1$回になることに気づいたであろう．

次に，「先頭との交換を，最小値を求めた後ではなく，先頭より小さい数が見つかるたびに行う」という方針に変更したものを扱い，それを「選択ソートの随時交換版」と呼ぶことにする．こちらの比較と交換の回数はどうなるだろうか．

例題3.2

列$[8,4,3,9,6]$の選択ソートの随時交換版の，図3.2の①から④の経過を図に描け．また，①から④のそれぞれの中での「比較の回数」と「交換の回数」を答えよ．最後に，「比較の合計回数」と「交換の合計回数」も答えよ．

3.3 選択ソートの随時交換版とは

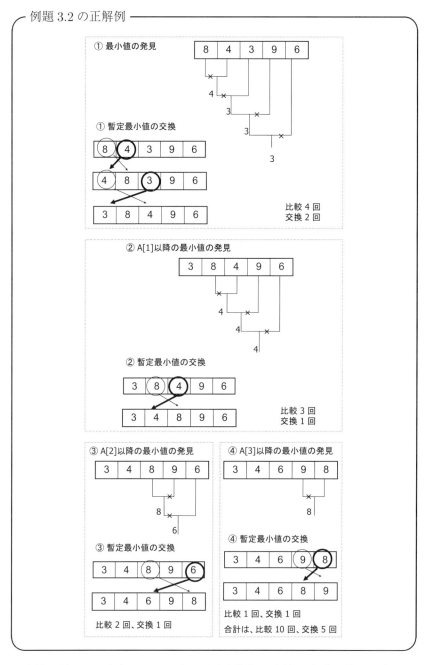

例題 3.2 の正解例

次節の練習問題を解いてみると、随時交換版の交換の合計回数は入力データによって変わることがわかる。計算回数の最小値どうしで比較すると、随時交換版の方が少なくなり、最大値どうしで比較すると選択ソートの方が少なくなる。最大になる場合の計算量を**最悪計算量** (worst case complexity) と呼ぶ。アルゴリズムを評価する場合には「どんな場合の計算量を評価するか」ということまで決めなければならない。

▶[計算量の種類]

他に、入力の確率分布を想定して求める**平均計算量** (average case complexity) を用いることもある。ちなみに8章で述べる漸近的計算量を用いれば、選択ソートとその随時交換版のいずれも比較回数は $O(n^2)$ で交換回数は $O(n)$ なので同等といえる。

30   第3章 アルゴリズムを比べる方法

3.4 練習問題

1. 列 [9,2,7,4,5] の選択ソートの①から④の経過を図に描け．また，①から④のそれぞれの中での「比較の回数」と「交換の回数」を答えよ．最後に，「比較の合計回数」と「交換の合計回数」も答えよ．

2. 列 [9,2,7,4,5] の選択ソートの随時交換版の①から④の経過を図に描け．また，①から④のそれぞれの中での「比較の回数」と「交換の回数」を答えよ．最後に，「比較の合計回数」と「交換の合計回数」も答えよ．

3. 列 [2,4,5,7,9] の選択ソートの随時交換版の①から④の経過を図に描け．また，①から④のそれぞれの中での「比較の回数」と「交換の回数」を答えよ．最後に，「比較の合計回数」と「交換の合計回数」も答えよ．

3.5 3章のまとめ

1. 整列のアルゴリズムにはどのようなものがあるか，複数の例を挙げられるようになった．

   - 選択ソート
   - 選択ソートの随時交換版

2. 入力の値によって計算回数が変化する場合があるため，アルゴリズムを評価する場合には最悪計算量や平均計算量など「どんな場合の計算量を評価するか」まで決めなければならない．

3.6 Python 演習
3.6.1 選択ソートの Python プログラム

本章で扱った選択ソートを Python プログラムとして実装したものをソースコード 3.1 に示す．実際に，このプログラムの関数 sort をインタプリタ上で実行すると，以下のように並べ替えを実行できる．

ソースコード **3.1** selection_sort.py

```
1  def sort(A):
2      for i in range(0, len(A) − 1):
3          select_min(A, i)
4
5  def select_min(A, i):
6      min = i
7      for j in range(i + 1, len(A)):
8          if A[min] > A[j]:
9              min = j
10     A[i], A[min] = A[min], A[i]
```

```
>>> from selection_sort import sort, select_min
>>> A=[8,4,3,9,6]
>>> sort(A)
>>> A
[3, 4, 6, 8, 9]
```

ソースコード 3.1 が，なぜ図 3.1 で示した選択ソートのアルゴリズムを実装していると言えるのか，確認していこう．まずは，ソースコード 3.1 の意味を「行単位で」日本語に直したものを図 3.4 に示した．Python のキーワードを確認しながら対応を理解していこう．

2 行目に現れる式 len(A) はリスト A の長さ（つまり本文中の n）を計算する式である．インタプリタで直接 len を使って動作を確認できる．

```
>>> len([8,4,3,9,6])
5
```

式 range(x,y) の値は x から y-1 までの整数区間を意味するようなオブジェクトで，range 型に属する．range 型の値は 1 章で述べたようにイテラブルである．y までではなく y-1 までを意味するので，式 range(0,len(A)-1) の値は 0 から len(A)-2 までを意味する．

for 文は 2 章で述べた反復を実現するための文法の一つで，イテラブル

32　第3章　アルゴリズムを比べる方法

```
1    sort とは，引数 A について以下を行う関数とする．
2        i に，0 から len(A)-2 までを順に代入し，そのたびに
3            select_min(A,i) を実行する．
4
5    select_min とは，引数 A と変数 i について以下を行う関数とする．
6        min に i の値を代入する．
7        j に，i+1 から len(A)-1 までを順に代入し，そのたびに
8            もし A の min 番目より j 番目が小さいなら
9                min に j の値を代入する．
10       A の min 番目と i 番目を交換する．
```

図 **3.4**　selection_sort.py の意味

オブジェクトと組み合わせると簡単に反復を実現できることが特徴である．今回の表現「for i in イテラブルオブジェクト:」は，そのイテラブルオブジェクトの要素を順々に変数 i に代入し，そのたびに繰返し部分（インデントされている部分）を実行せよ，という意味になる．

```
>>> for i in range(0,4):
...     print(i)
...
0
1
2
3
```

　これで Python プログラムと日本語との対応は，3 行目までは理解できただろう．この 1 行目〜3 行目の部分が，図 3.2 の流れ全体に対応していることを確認しよう．

　3 行目に現れる関数 select_min は 5 行目以降によって定義されており，じつは，式 select_min(A, i) が「A の i 番目以降の中から最小値を見つけ，A の i 番目と交換する」という意味になるように意図されているのである．ということは，変数 i が表している値が，「最小値を探そうとしている範囲の先頭の位置」であればよい．このプログラムでは，0 から長さ -2（つまり最後尾の一つ前）までの値を順に代入しているので，まさに図 3.2 のとおりになっていることがわかる．

　次に，Python プログラムと日本語との対応について，5 行目から確認を再開しよう．前述の range の解説を踏まえれば，7 行目の式 range(i+1,len(A))

の値が i+1 から len(A)-1 までの整数区間を意味することは明らかである.

8 行目に現れる if 文は, 2 章で述べたとおり条件分岐を実現している.

10 行目では, 代入文の左辺と右辺に複数の変数が用いられている. これは複数の代入文を同時に実行できる記法であり, これにより A[i] と A[min] を交換する命令を 1 行で書くことができている. 実際は, 右辺が複数の変数からなる代入は**タプルパッキング (tuple packing)** と呼ばれ, 自動的にタプルにまとめて代入してくれる機能である. 逆に, 左辺が複数の変数からなる代入は**シーケンスアンパッキング (sequence unpacking)** と呼ばれ, 右辺のシーケンスオブジェクトの要素を自動的に変数に分けて代入する機能である. 今回のプログラムでは, このタプルパッキングとシーケンスアンパッキングを同時に使うことによって, 複数の代入文を同時に実行できている.

以上により, Python プログラムと日本語との対応については 10 行目まで確認できた.

5 行目以降で定義されている select_min(A, i) は, 意図どおりに「A の i 番目以降の中から最小値を見つけ, A の i 番目と交換する」という意味になっている. というのも, 変数 min が「A の i 番目以降の中の最小値が何番目にあるか」を意味しており, 変数 j が図 3.3 の挑戦者の位置を表しているからである. j には i+1 から長さ −1 までの値を順に代入しているので図と合致している.

それでは改めて関数 sort の動きを確認してみよう. まず, 3 行目の select_min(A, i) の右に ;print(A) と書き足してみよう. ただし, Python プログラムのファイルを上書きした後は, Python インタプリタも再起動して import し直そう. これで select_min(A, i) の直後に A の内容を表示させることができる. 以下のように図 3.2 と同じ列を入力してみると, 途中で列が図 3.2 と同じように変化しているのを出力で確認できる.

▶[シーケンスアンパッキング]
ちなみにシーケンスアンパッキングは, シーケンスオブジェクトならタプル以外の型でも利用できる.

```
>>> from selection_sort import sort
>>> A = [8,4,3,9,6]
>>> sort(A)
[3, 4, 8, 9, 6]
[3, 4, 8, 9, 6]
[3, 4, 6, 9, 8]
[3, 4, 6, 8, 9]
```

3.6.2 選択ソートの随時交換版の Python プログラム

選択ソートの随時交換版のプログラムは, 選択ソートのプログラムを一

34 第 3 章 アルゴリズムを比べる方法

部書き換えてソースコード 3.2 のように書くことができる.「先頭との交換を,最小値を求めた後ではなく,先頭より小さい数が見つかるたびに行う」という方針なので,最小値の位置を表す変数 min は不要となる.代わりに i 番目が暫定最小値の位置を表し,j 番目の挑戦者に負けるたびに交換を実行するようになっている.

ソースコード **3.2** selection_sort_exchange.py

```
1 def sort(A):
2     for i in range(0, len(A) − 1):
3         select_min(A, i)
4
5 def select_min(A, i):
6     for j in range(i + 1, len(A)):
7         if A[i] > A[j]:
8             A[j], A[i] = A[i], A[j]
```

このプログラムの動作を確認するために,3 行目の select_min(A, i) の右に;print() と書き足し,8 行目の A[j], A[i] = A[i], A[j] の右に;print(A) と書き足してみよう.

これで 8 行目で交換を行うたびに A の内容を表示させることができ,また最小値が確定するごとに改行を入れて出力を見やすくすることができる.以下のように例題 3.2 と同じ列を入力してみると,その正解例と同じように列が変化しているのを出力で確認できる.

```
>>> from selection_sort_exchange import sort
>>> A = [8,4,3,9,6]
>>> sort(A)
[4, 8, 3, 9, 6]
[3, 8, 4, 9, 6]

[3, 4, 8, 9, 6]

[3, 4, 6, 9, 8]

[3, 4, 6, 8, 9]

>>>
```

3.7 練習問題正解例

比較の合計回数は，選択ソートでも随時交換版でも，入力の長さが5であれば必ず $4+3+2+1=10$ で10回となる．一方，交換の合計回数は，選択ソートでは入力の長さが5であれば必ず4回だが，随時交換版では練習問題2のように多くなるときもあれば，練習問題3のように0回のときもあるということがわかる．入力が $[9,7,5,4,2]$ と降順だった場合，随時交換版の交換回数は10回となることも想像できるだろう．

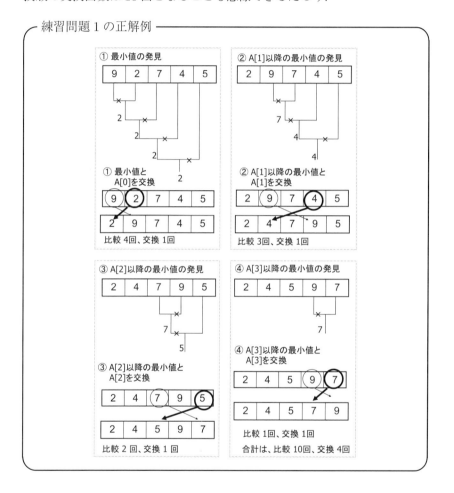

練習問題1の正解例

36　第3章　アルゴリズムを比べる方法

練習問題2の正解例

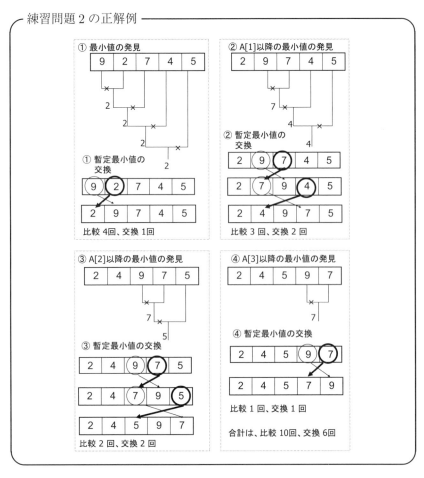

練習問題3の正解例

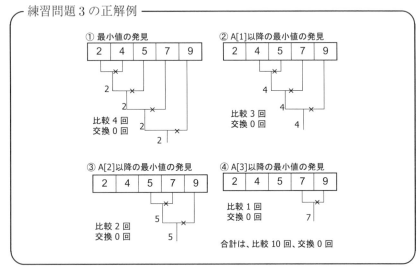

第 4 章

アルゴリズムを思いつく方法

この章の目標

自分でアルゴリズムを思いつくためにはどのようなものを参考にすればよいか，を学ぶ．

役立てよう日常の経験！

キーワード　挿入ソート，バケットソート

4.1 挿入ソート

3章では，整列アルゴリズムの基本的な例として選択ソートを学んだ．しかし，アルゴリズムというものは，専門家から知識として学んで初めて使えるようになるものではなく，すでに身近な場面で思いついて使っていることも多いものである．そうでなければ，今後新たな課題に直面した時に，自分でアルゴリズムを思いつくことができないだろう．本章では，並べ替えの身近な例としてトランプを挙げ，整列アルゴリズムを考えてみる．

トランプを並べ替える方法といっても，もちろん，人によって異なるだろうが，図 4.1 のような方法を使っている人が多いのではないだろうか．この例では，まず1を7より前に移動させ，次に5を1と7の間に移動させている．要するに「トランプを適切な位置に挿入する」という操作の繰り返しである．このとき，図の着色部は昇順になっていることに注意しよう．この着色部を「整列済み部分」とみなし，直後のトランプを適切な位置に挿入することによって，整列済み部分を拡大させていく．整列済み部分が全体に達した時，並べ替えが完了したことになる．

▶[着色部は昇順]
最初の段階では着色部は1枚だけなので昇順と考えることに違和感があるかもしれないが，少なくとも逆順の部分はないので昇順とみなす．

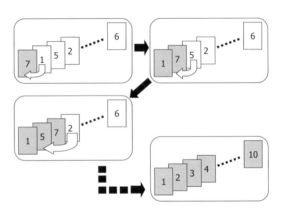

図 4.1 トランプの並べ替え方法の例

上記の方法は**挿入ソート (insertion sort)** としてすでに知られているアルゴリズムである（図 4.2）.

入力が $n = 5$ と列 [6,3,8,5,7] の場合の手順を図 4.3 に示す．ここで注意しなければならないのは「整列済み部分」の意味である．前章の選択ソートでは，最小値として先頭に移動した要素は，その後は移動させる必要がなかった．しかし挿入ソートの「整列済み部分」というのは，その中が昇順ということを意味しているだけであり，後の操作で変更されないわけではないことがわかる．

また，適切な位置への挿入の手順を図 4.4 に示す．トランプならば，挿入という1回の操作で，挿入した箇所の後ろに続く何枚かのトランプを自

最初に列の先頭のみを整列済み部分と呼ぶことにする．
1. 「適切な位置への挿入」の手順を行う．
2. 挿入された要素も含めて整列済み部分とし，1. に戻る．
整列済み部分が列全体に達したら停止する．

図 4.2　挿入ソートのアルゴリズム

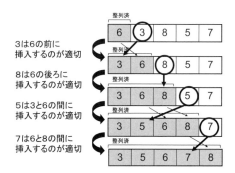

図 4.3　挿入ソートの流れと途中結果（入力例 [6,3,8,5,7]）

動的に後ろに移動させることができるが，アルゴリズムとしては，その手順も詳細に決める必要があるためである．もちろん，どこに挿入するかを判断する手順も決める必要がある．

1. 未整列部分の先頭要素を，変数 temp に保存しておく．
2. temp をどこに挿入するかを決めるために，整列済み部分の要素を最後尾から順に見ていく．
   - temp より大きい要素は 1 つ後ろにずらす．
   - temp 以下の要素が見つかったら，その直後の空欄に temp を挿入して終わる．
   - temp 以下の要素が見つからず先頭を過ぎてしまったら，先頭の空欄に temp を挿入して終わる．

図 4.4　「適切な位置への挿入」の手順

> **例題 4.1**
>
> 列 [6,3,8,5,7] を挿入ソートしたときの途中経過の図を描け.また,比較の合計回数を答えよ.

以下の正解例では,比較に用いた要素を丸印(temp は特に太い丸)で囲んでいる.移動は,「1 つ後ろにずらす」という操作を細い矢印で表し,「temp を挿入」する移動を太い矢印で表している.

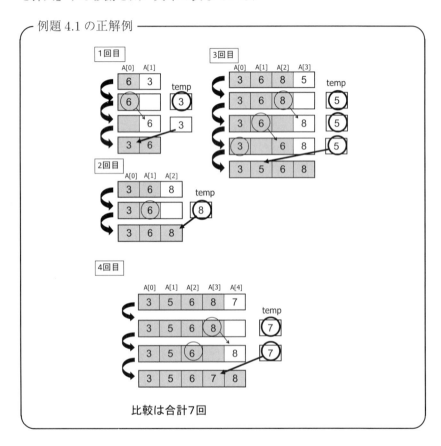

例題 4.1 の正解例

比較は合計7回

挿入ソートにおける比較回数は,入力の長さだけでは決まらず,入力列の値の並び方に依存する.では比較の最大値と最小値はどのように表せるだろうか.入力の長さを n とおき,図 4.3 のような全体の図の中で,temp との比較に用いられた要素を着色して示した図が図 4.5 である.

比較の回数が最大になるのは,「適切な位置への挿入」という手順(図 4.4)において,毎回,temp 以下の要素が見つからず先頭まで達してしまう場合である.整列済み部分は長さ 1 から始まって最後には長さ $n-1$ になるので,比較の合計回数は 1 から $n-1$ までの和,すなわち $\frac{n(n-1)}{2}$ になる.

比較の回数が最小になるのは,「適切な位置への挿入」という手順において,毎回,temp 以下の要素が最初に見つかって終了してしまう場合であ

る．「適切な位置への挿入」という手順は $n-1$ 回あるので，比較の合計回数は $n-1$ になる．

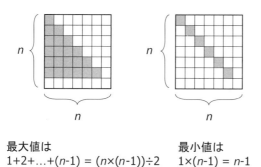

図 4.5 挿入ソートの比較回数の最大値と最小値（$n=7$ の例）

以上のことから，少なくとも比較の回数に関していえば，選択ソートやその随時交換版よりも挿入ソートの方が少ないか最悪でも等しい，ということがいえる．

4.2 バケットソート

ところで，本章の目的は，自分でアルゴリズムを思いつくための方法を身につけることであった．アルゴリズムは，身近に行われている手順を参考に作ることができる．今回はトランプを基にして挿入ソートのアルゴリズムを導いたが，他のソートアルゴリズムに辿り着く可能性もあった．たとえば，トランプを数字ではなくスートで並べ替えて，スペード，ハート，ダイヤ，クラブの順にしたいとする．

同じスートのカードならば数字の順序は気にしないとする．また，トランプのゲーム中のように他人から隠して並べ替える必要はなく，他人に見られてもよいとする．この場合，おそらく挿入ソートで並べ替える人はいないだろう．机の上に 4 つのスペースを確保し，スートごとに 4 つの山を作っていくだろう．この方法はバケットソート (bucket sort)（ビンソート (bin sort) ともいう）というアルゴリズムとして知られている．

▶[スート]
トランプのマークのこと．

4.3 練習問題

1. 列 [5,8,3,6,1] を挿入ソートしたときの途中経過の図を描け．また，比較の合計回数を答えよ．

2. 列 [8,6,5,3,1] を挿入ソートしたときの途中経過の図を描け．また，比較の合計回数を答えよ．

3. 列 [1,3,5,6,8] を挿入ソートしたときの途中経過の図を描け．また，比較の合計回数を答えよ．

4.4 4章のまとめ

自分でアルゴリズムを思いつくには，すでに身近に行われている手順を参考にすればよいことがわかった．トランプの例では，以下の二つの方法が身近に行われている．

1. 「整列済み部分」の適切な位置に残りの要素を挿入する手順を繰り返すアルゴリズム（挿入ソート）

2. いくつかのグループに分けることによって整列するアルゴリズム（バケットソート）

4.5 Python 演習

本章で扱った挿入ソートを Python プログラムとして実装したものをソースコード 4.1 に示す.

ソースコード **4.1** insertion_sort.py

```python
1  def sort(A):
2      for i in range(1, len(A)):
3          insert(A, i)
4
5  def insert(A, i):
6      temp = A[i]
7      for j in range(i − 1, −1, −1):
8          if temp < A[j]:
9              A[j + 1] = A[j]
10         else:
11             A[j + 1] = temp
12             break
13     else:
14         A[0] = temp
```

実際に, このプログラムの関数 sort をインタプリタ上で実行すると, 以下のように並べ替えを実行できる.

```
>>> from insertion_sort import sort,insert
>>> A=[6,3,8,5,7]
>>> sort(A)
>>> A
[3, 5, 6, 7, 8]
```

それではソースコード 4.1 が, なぜ図 4.2 と図 4.4 で示した挿入ソートのアルゴリズムを実装していると言えるのか, 確認していこう. ソースコード 4.1 の意味は図 4.6 のとおりである.

2 行目の変数 i が表しているのは, 図 4.3 において太い丸で示されている要素の位置である. この要素は整列済み部分に挿入する要素であり, その位置は「未整列部分の先頭」である. そのため, 図 4.7 でわかるように, 1 から長さ-1 までの値を順に代入すれば良い. 前章で述べたように, range(x,y) が表すのは x から y-1 までの整数区間であることに注意しよう.

3 行目に現れる関数 insert は 5 行目以降によって定義されており, 式 insert(A, i) が「A の i 番目を, それより前の部分の適切な位置に挿入する」という意味になるように意図されている. 以下の出力で確認しよう.

```
1   sort とは，引数 A について以下を行う関数とする．
2       i に，len(A)-1 から 1 までを順に代入し，そのたびに
3           insert(A,i) を実行する．
4
5   insert とは，引数 A と変数 i について以下を行う関数とする．
6       temp に A の i 番目の値を代入する．
7       j に，i-1 から 0 までを順に代入し，そのたびに
8           もし A の j 番目より temp が小さいなら
9               j+1 番目に j 番目の値を代入する．
10          そうでないなら，
11              j+1 番目に temp を代入し，
12              途中で繰返しを終了する．
13      繰返し処理を最後まで終えた場合は，
14          A の 0 番目に temp を代入する．
```

図 4.6　insertion_sort.py の意味

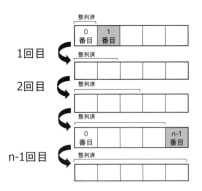

図 4.7　挿入ソートのプログラムにおける変数 i の範囲

```
>>> from insertion_sort import sort,insert
>>> A = [3,6,8,5,7]
>>> insert(A,3)
>>> A
[3, 5, 6, 8, 7]
```

7 行目で用いられている変数 j は，図 4.4 において temp と比較しながら最後尾から見ていく「整列済み部分の要素」の位置を表している．そのため，図 4.8 でわかるように，i-1 から 0 までの値を順に代入すればよい．

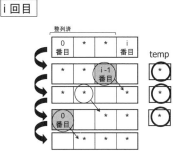

図 4.8 挿入ソートのプログラムにおける変数 j の範囲

7 行目に現れる range 式は引数を三つ受け取っている．じつは range(x,y,z) は初項が x で公差が z の等差数列で，y に達する前までの列を表す range 型の値である．3 番目の引数 z を省略すると公差は 1 とみなされる．前述の「x から y-1 までの整数区間」というのは等差数列の特殊な場合だったのである．range(i-1,-1,-1) によって i-1 から 0 までの値を用いた繰返しが実現できる．

▶[等差数列の公差]
　公差を 0 にすることはできない．

```
>>> for j in range(3,-1,-1):
...     print(j)
...
3
2
1
0
>>> for j in range(1,3):
...     print(j)
...
1
2
>>>
```

12 行目に現れている break 文は，for 文等の繰返し構文の中で使われる文であり，この文が実行されると繰返し処理を途中で終了させることができる．

```
>>> for j in [1,2,3,0,4,5]:
...     print(j)
...     if j==0:
...         break
...
1
2
3
0
>>> for j in [1,2,3]:
...     print(j)
...     if j==0:
...         break
...
1
2
3
```

13行目に現れているのは，for文のelse節である．この節のインデント部分は，for文が無事に繰返し部分をすべて実行し終えた時にのみ実行される．break文によって途中で繰返しを終了した場合には実行されない．今回は，図 4.4 において「temp 以下の要素が見つからず先頭を過ぎてしまった」という場合の処理を 14 行目で指定している．

それでは改めて関数 sort の動きを確認してみよう．まず，3 行目の insert(A, i) の右に ;print(A) と書き足してみよう．これで insert(A, i) の直後に A の内容を表示させることができる．以下のように図 4.3 と同じ列を入力してみると，図 4.3 と同じように列が変化しているのを出力で確認できる．

```
>>> from insertion_sort import sort,insert
>>> A = [6,3,8,5,7]
>>> sort(A)
[3, 6, 8, 5, 7]
[3, 6, 8, 5, 7]
[3, 5, 6, 8, 7]
[3, 5, 6, 7, 8]
>>>
```

4.6 練習問題正解例

挿入ソートでは，比較の合計回数は，練習問題2のように多くなるときもあれば，練習問題3のように少ないときもあるということがわかる．

練習問題1の正解例

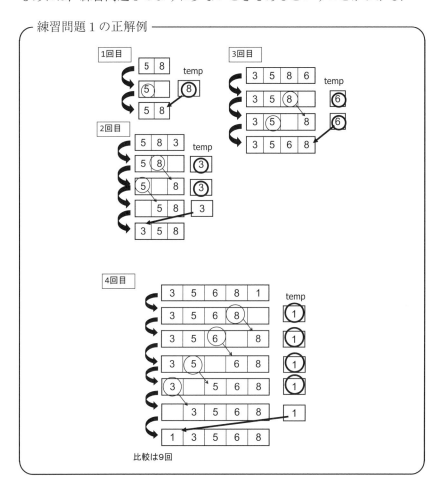

48　第4章　アルゴリズムを思いつく方法

練習問題2の正解例

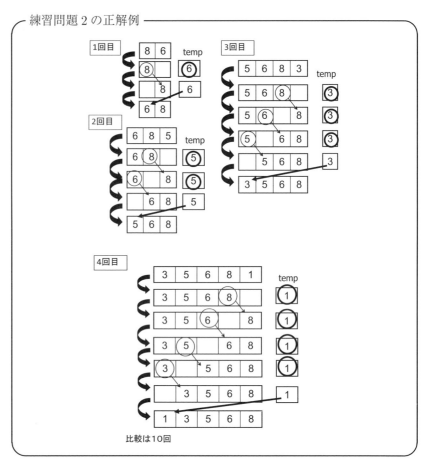

比較は10回

練習問題3の正解例

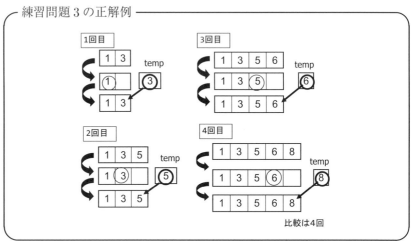

比較は4回

第 5 章

アルゴリズムを改良するコツ

この章の目標
アルゴリズムを改良するには，どこに着目すればよいか，を学ぶ．

キーワード　バブルソート

5.1 バブルソート

4章では，身近な例を参考にすればアルゴリズムを作れるということを学んだ．さらにそのアルゴリズムを，もっと効率の良いものに改良できる場合がある．本章では，既存のアルゴリズムを改良するためのコツを学ぶ．

そのための題材として紹介するアルゴリズムが**バブルソート** (bubble sort) である（図 5.1）．バブルソートは，隣同士の要素間でしか比較も交換もできない，という条件下でソートするアルゴリズムである．小学校などで，背の順に並ぶよう言われたら，隣同士の人と背比べをして，必要があれば入れ替わる，ということを繰り返すだろう．その方法である．

▶[バブルソート]
　泡が徐々に水面に上がっていく様子と似ているので，この名がついている．

> 1. 隣同士のペアを比較して，降順ならば入れ替える，ということを列の最後尾から順に先頭まで行う（本節ではこの手順を「順序修正」と呼ぶ）．
> 2. 先頭を除いた残りの列をソート対象とし，1. に戻る．
>   ソート対象の列の要素が 1 個になったら停止する．

図 **5.1**　バブルソートのアルゴリズム

入力が $n = 5$ と列 [9,2,7,4,5] の場合について，まずは上記のアルゴリズムで「順序修正」と呼ばれている部分の流れを図 5.2 に示す．この図では，比較に用いた要素を丸印で囲み，交換を矢印で表している．

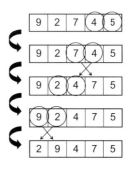

図 **5.2**　順序修正の流れ

順序修正が一通り終わると，その範囲の最小値は必ず先頭に来ることに注意してほしい．なぜなら，最小値 x が途中の位置にとどまる場合というのは，その値より小さい値が左隣にある場合しかありえないが，もしそうなら x は最小値とは言えないからである．

▶[最小値は必ず先頭に]
　ただし選択ソートとは異なり，バブルソートの順序修正では，先頭と最小値以外の要素も移動している可能性がある．

順序修正によって最小値が先頭に来るのであれば，選択ソートと同じように，その先頭を無視して残りについて同じ操作を繰り返していけば，全体を昇順に並べ替えることができる．これがバブルソートの考え方である．

▶[順序修正の方向]
　順序修正は，最後尾からではなく先頭から行うよう変更することもできる．その場合は必ずしも最小値は先頭に来ないが，逆に最大値が最後尾に来ることになるので，最後尾を除いた部分の列について順序修正を行うことを繰り返せばよい．

― 例題 5.1 ―――――――――

列 [9,2,7,4,5] をバブルソートしたときの途中経過の図を描き，各回の順序修正における比較と交換の回数を答えよ．また，比較と交換の合計回数も答えよ．

― 例題 5.1 の正解例 ―――――――――

順序修正1回目

9 2 7 4 5
9 2 7 4 5
9 2 4 7 5
9 2 4 7 5
2 9 4 7 5

比較4回、交換2回

順序修正2回目

2 9 4 7 5
2 9 4 5 7
2 9 4 5 7
2 4 9 5 7

比較3回、交換2回

順序修正3回目

2 4 9 5 7
2 4 9 5 7
2 4 5 9 7

比較2回、交換1回

順序修正4回目

2 4 5 9 7
2 4 5 7 9

比較1回、交換1回

合計は、比較10回、交換6回

　順序修正をする範囲の長さが n のとき，その範囲の中に隣同士のペアは $n-1$ 組存在するので，比較は $n-1$ 回行われる．したがって，バブルソートにおける比較の回数は，入力列の長さを n とおくと 1 から $n-1$ までの和，すなわち $\frac{n(n-1)}{2}$ になることがわかる．つまり選択ソートと同じである．
　一方，交換の回数は，入力の長さだけでは決まらず，入力列の値の並び方に依存することがわかるだろう．入力列がすでに昇順の場合，順序修正において交換の必要は一切ないことがわかる．逆に入力列が降順だった場

合，順序修正において比較するたびに交換が必要となるだろう．したがって，交換の回数は，最小値 0 回，最大値 $\frac{n(n-1)}{2}$ 回である．

5.2 バブルソートの改良版

本節では，バブルソートを改良して比較の回数を減らすことを考えよう．一般に，アルゴリズムにおける計算回数を減らすためのコツは，無駄な計算をなくすことである．無駄な計算の典型例は，「まったく同じ計算の繰返し」である．

そこで，バブルソートの改良のアイデアを図 5.3 に示す．この図では，1 つの矢印で 1 回の順序修正による全体の変化を表している．この例は，偶然，2 回目の順序修正が終わった時点で列が [2,4,5,7,9] と昇順になってしまった例である．改良する前のバブルソートの手順では，3 回目の順序修正で「7 と 9 の比較」と「5 と 7 の比較」を行い，4 回目の順序修正で「7 と 9 の比較」を行うことになる．ここに「7 と 9 の比較」という同じ計算が 2 回行われることに注意し，この計算を省略する方法はないか，と考えるわけである．

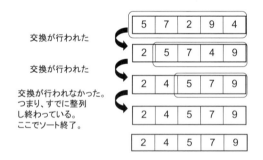

図 5.3 バブルソートの改良版の流れ

ここで省略できるかどうかの判断に使えそうな情報は，交換の回数である．1 回目から 4 回目までの順序修正において，交換が行われたかどうかに着目する．1 回目も 2 回目も列が変化しているので交換は行われている．しかし 3 回目は，[5,7,9] のまま変化していないので交換は行われていない．このように，ある回の順序修正において交換が 1 回も行われなかった場合，そこでアルゴリズムを終了しよう，というアイデアである．

なぜなら，ある回の順序修正において交換が行われなかったということは，その列は隣同士がすべて昇順になっていたということであり，それは全体として昇順になっていることを意味しているからである．

注意しなければならないのは，図 5.3 の 3 回目の順序修正は省略できない，ということである．ここで順序修正をして交換が 0 回とわかったから

こそ，列が昇順になっていることを確認できるわけである．

こうして得られたバブルソートの改良版のアルゴリズムを，図 5.4 に示す．

> 1. 隣同士のペアを比較して，降順ならば入れ替える，ということを列の最後尾から順に先頭まで行う（順序修正）．
> 2. 1. で交換が 1 回も行われなかったならば，そこでアルゴリズムを終了する．交換が行われたならば，先頭を除いた残りの列をソート対象とし，1. に戻る．
>
> ソート対象の列の要素が 1 個になったら停止する．

図 **5.4** バブルソートの改良版のアルゴリズム

元のバブルソートと異なり，改良版では比較の回数が入力列の内容に依存する．比較回数の最大値と最小値を図 5.5 の着色部の面積で表す．比較回数が最大となるのは，順序修正を 1 回も省略できなかった場合であり，これは元のバブルソートと同じ $\frac{n(n-1)}{2}$ 回になる．最小値は，1 回目の順序修正のみ行い，そこで交換が行われなかったために以降の順序修正をすべて省略できた場合である．長さ n の列に隣同士のペアは $n-1$ 個存在するので，比較回数の最小値は $n-1$ 回である．

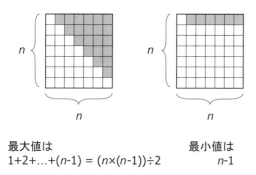

図 **5.5** バブルソートの改良版の比較回数の最大値と最小値

5.3 練習問題

1. 列 [8,6,5,3,1] をバブルソートしたときの途中経過の図を描き，各回の順序修正における比較と交換の回数を答えよ．また，比較と交換の合計回数も答えよ．

2. 列 [1,3,8,6,5] をバブルソートした時の途中経過の図を描き，各回の順序修正における比較と交換の回数を答えよ．また，比較と交換の合計回数も答えよ．

5.4 5章のまとめ

アルゴリズムを改良するには，無駄な計算を減らせばよく，その典型例は「同じ計算の繰返し」であることがわかった．

1. 隣同士の要素間でしか比較も交換もできない，という状況下でソートすることができるアルゴリズムとして，バブルソートがある．

   - 隣同士のペアを比較して，降順ならば入れ替える，ということを列の最後尾から順に先頭まで行う（順序修正）．
   - 順序修正により必ず最小値は先頭に来るため，その後は先頭以外について同じことを繰り返していけばソートできる．

2. バブルソートには全く同じ比較が何回も行われる場合があるので，改良の余地がある．

   - バブルソートのある回の順序修正において交換が1回も行われなければ，その時点で列全体が昇順になっていると言える．
   - そのように交換が行われない順序修正があったら，そこでアルゴリズムを終了すれば無駄を削減できる．

5.5 Python 演習

5.5.1 バブルソートの Python プログラム

本章で扱ったバブルソートを Python プログラムとして実装したものを
ソースコード 5.1 に示す．ソースコード 5.1 の意味は図 5.6 のとおりで
ある．

ソースコード **5.1** bubble_sort.py

```
1  def sort(A):
2      for i in range(0, len(A) − 1):
3          modify_order(A, i)
4
5  def modify_order(A, i):
6      for j in range(len(A) − 1, i, −1):
7          if A[j − 1] > A[j]:
8              A[j − 1], A[j] = A[j], A[j − 1]
```

```
1   sort とは，引数 A について以下を行う関数とする．
2       i に，0 から len(A)-2 までを順に代入し，そのたびに
3           modify_order(A,i) を実行する．
4
5   modify_order とは，引数 A と i について以下を行う関数とする．
6       j に，len(A)-1 から i+1 までを順に代入し，そのたびに
7           もし A の j 番目より j-1 番目が大きいなら
8               A の j 番目と j-1 番目を交換する．
```

図 **5.6** bubble_sort.py の意味

2 行目の変数 i が表しているのは，順序修正の対象列の先頭の位置であ
る．図 5.7 でわかるように，0 から長さ-2 までの値を順に代入すれば良い．

3 行目に現れる関数 modify_order は 5 行目以降によって定義されてお
り，式 modify_order(A, i) が，A の i 番目以降の順序修正，すなわち「隣
同士のペアを比較して，降順ならば入れ替える，ということを最後尾から
i 番目までの範囲に対して行う」という意味になるように意図されている．

6 行目の変数 j が表しているのは，図 5.2 における「隣同士のペアの右の
方の要素」である．そのため，図 5.8 でわかるように，長さ-1 から i+1 ま
での値を順に代入すればよい．図で「i+1 回目の順序修正」と記したのは，

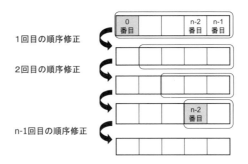

図 5.7　バブルソートのプログラムにおける変数 i の範囲

順序修正の初回は 1 回目と呼んでいるが，i は 0 から始まるためである．

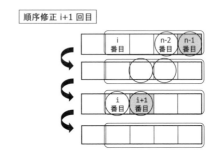

図 5.8　バブルソートのプログラムにおける変数 j の範囲

　関数 sort の動きを確認してみよう．まず，3 行目の modify_order(A, i) の右に ;print(A);print() と書き足してみよう．これで順序修正の直後に A の内容を表示させて空行を開けさせることができる．さらに 6 行目と 7 行目の間に print(A) を書き足してみよう（8 文字インデントするのを忘れないこと）．以下のように例題 5.1 と同じ列を入力してみると，正解例と同じように列が変化しているのを出力で確認できる．

```
>>> from bubble_sort import sort
>>> sort([9,2,7,4,5])
[9, 2, 7, 4, 5]
[9, 2, 7, 4, 5]
[9, 2, 4, 7, 5]
[9, 2, 4, 7, 5]
[2, 9, 4, 7, 5]

[2, 9, 4, 7, 5]
[2, 9, 4, 5, 7]
[2, 9, 4, 5, 7]
[2, 4, 9, 5, 7]

[2, 4, 9, 5, 7]
[2, 4, 9, 5, 7]
[2, 4, 5, 9, 7]

[2, 4, 5, 9, 7]
[2, 4, 5, 7, 9]
```

5.5.2 バブルソートの改良版の Python プログラム

バブルソートの改良版の Python プログラムをソースコード 5.2 に示す.
元のプログラムからの変更点は, 3 行目に if 文と break 文が増えて 2 行
になった点と, 後半に exchange という変数と return 文が増えた点であ

ソースコード **5.2** bubble_sort_revised.py

```
1  def sort(A):
2      for i in range(0, len(A) − 1):
3          if modify_order(A, i) == 0:
4              break
5
6  def modify_order(A, i):
7      exchange = 0
8      for j in range(len(A) − 1, i, −1):
9          if A[j − 1] > A[j]:
10             A[j − 1], A[j] = A[j], A[j − 1]
11             exchange = exchange + 1
12     return exchange
```

58　第5章　アルゴリズムを改良するコツ

る．ソースコード5.2の意味は図5.9のとおりである．

```
1    sort とは，引数 A について以下を行う関数とする．
2        i に，0 から len(A)-2 までを順に代入し，そのたびに
3            modify_order(A,i) を実行し，もし返り値が 0 なら，
4                繰返しを途中で終了する．
5
6    modify_order とは，引数 A と i について以下を行う関数とする．
7        変数 exchange に 0 を代入し，
8        j に，len(A)-1 から i+1 までを順に代入し，そのたびに
9            もし A の j 番目より j-1 番目が大きいなら
10               A の j 番目と j-1 番目を交換し，
11               exchange の値を 1 増やす．
12       exchange の値を返り値として返す．
```

図 **5.9**　bubble_sort_revised.py の意味

　7行目に現れている変数 exchange は，関数 modify_order の1回の実行が開始されてから終了するまでの間に A の j 番目と j-1 番目の交換が何回行われたかを数えるための変数である．つまり1回の順序修正における交換回数を表す．

　12行目の return 文は，返り値を関数の呼出し元に返すための文で，今回はその exchange の値を返している．出力は以下のように確認できる．

```
>>> from bubble_sort_revised import sort,modify_order
>>> modify_order([2,4,5,7,9],2)
0
>>> modify_order([2,4,5,9,7],2)
1
```

返された値は3行目の式 modify_order(A,i) の値として参照でき，このプログラムでは返り値が0なら break 文によって for 文の繰返しを終了している．つまり，ある回の順序修正で交換回数が0回だったら以降の順序修正を省略する，という今回の改良点を実現している．

5.6 練習問題正解例

バブルソートの通常版では，比較の合計回数は入力列の長さによって決まるが，交換回数は異なる．練習問題2の正解例の後半では「6と8の比較」が2回行われ，無駄だということに注目しよう．

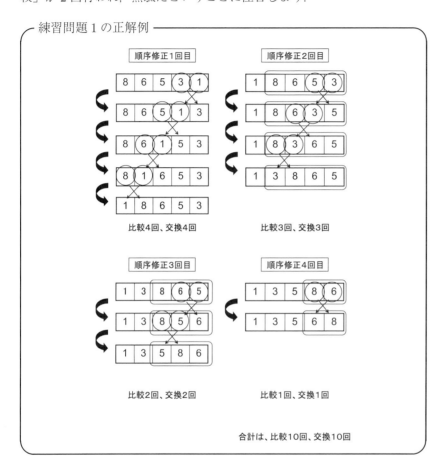

練習問題1の正解例

第 5 章 アルゴリズムを改良するコツ

練習問題 2 の正解例

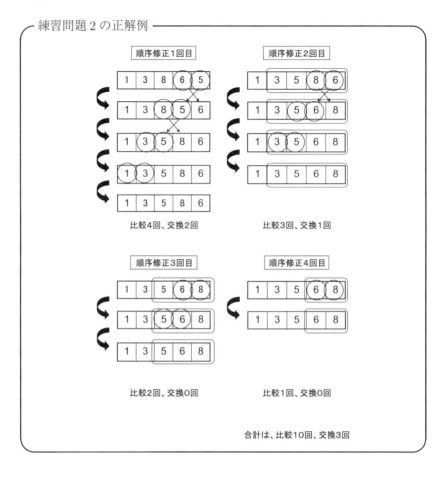

第6章
アルゴリズムを設計する方法

この章の目標
複雑な問題を解く際にアルゴリズムをどのような方針で設計したらよいか，説明できるようになる．

キーワード　フィボナッチ数列，関数，分割統治法，動的計画法，フラクタル

6.1 フィボナッチ数列

本章では，具体的なアルゴリズムではなくアルゴリズムの設計法を学ぶ．複雑な問題を解く際には，一からアルゴリズムを考えるのではなく，本章で学ぶ設計法を具体的な問題に適用し，具体的なアルゴリズムを設計すると有効な場合がある．

そのための題材として，**フィボナッチ数列** (Fibonacci sequence) を図 6.1 に示す．フィボナッチ数列の定義は，第 0 項は 0，第 1 項は 1 であり，残りは「直前の二つの値の和」が続くというものである．

▶[アルゴリズムと設計法]
5章までに紹介してきた，選択ソート，挿入ソート，バブルソートなどは，それぞれが具体的な整列アルゴリズムであった．これらは，整列以外の新たな問題を解くためのアルゴリズムを設計する際，参考にはなるかもしれないが，直接的に利用できるわけではない．

$$0,\ 1,\ 1,\ 2,\ 3,\ 5,\ 8,\ 13,\ 21,\ 34,\ \ldots$$

図 **6.1** フィボナッチ数列

▶[第 0 項]
本書では数列の先頭の項を第 0 項と呼ぶことにする．

規則的な数列は，項の間の条件式で簡潔に表されることが多い．そのような条件式を**漸化式** (recurrence relation) と呼ぶ．フィボナッチ数列の第 n 項を $\mathbf{fib}_n$ と表すことにすると，漸化式は以下のとおりになる．

$$
\begin{aligned}
\mathbf{fib}_0 &= 0 \\
\mathbf{fib}_1 &= 1 \\
\mathbf{fib}_n &= \mathbf{fib}_{n-1} + \mathbf{fib}_{n-2} \quad (n \geqq 2)
\end{aligned}
$$

6.2 分割統治法

2 以上の n に対して，フィボナッチ数列の n 番目を求めるには，フィボナッチ数列の $n-1$ 番目と $n-2$ 番目の結果が分かればよい．このように，大きい入力値に対する問題を解くために，必要となった小さい入力値に対する問題を解いていく方法を，**分割統治法** (divide and conquer) という．本節では，分割統治法によるフィボナッチ数列の計算アルゴリズムの流れを図式化するために，**関数** (function) を用いる．本書における関数とは，引数を基にして返り値という値を計算して返すものとする．

▶[関数]
数学における関数と各プログラミング言語における関数は微妙に異なる概念である．本書ではプログラミング言語 Python における関数を想定しつつも，Python の知識がない人でも理解できるよう日本語で関数を記述する．

分割統治法によるフィボナッチ数列計算のアルゴリズムを図 6.2 に示す．第 n 項を fib(n)，つまり関数 fib に引数 n を渡した場合の返り値で，表すことが意図されている．関数 fib の定義は基本的にフィボナッチ数列の漸化式と変わらない．

▶[関数 fib]
ただし，n が 0 または 1 の場合に n そのものを返すという形でまとめられている点と，図式化する都合で a, b, c という変数が用いられていることに注意しよう．

関数 fib の最大の特徴は，定義の中で関数 fib そのものを使用している点である．このような関数の定義を**再帰的定義** (recursive definition) という．関数 fib に 4 が渡された直後のデータの流れの様子を図 6.3 に示す．

```
1   fib とは，引数 n について以下を行う関数とする．
2       もし n が 2 未満なら
3           n そのものを返す．
4       そうでないなら
5           fib(n-1) の返り値を a に代入し，
6           fib(n-2) の返り値を b に代入し，
7           a+b の値を c に代入し，
8           c の値を返す．
```

図 6.2　分割統治法によるフィボナッチ数列計算のアルゴリズム

関数はこの fib のように長方形で表し，その引数として受け取る値や返り値は矢印に重ねた四角で表すことにする．もう一つの長方形 main は，関数 fib に引数 4 を渡して返り値を待っている抽象的な存在とする．

▶[fib の返り値]
　この時点では返り値は求まっていないので空欄である．

▶[図中の main]
　C 言語の main 関数と考えたり，Python のインタプリタと考えたりしても良い．

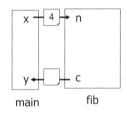

図 6.3　分割統治法によるフィボナッチ数列計算のデータの流れ（開始直後）

次に，関数 fib が図 6.2 のアルゴリズムにしたがって計算を少し進めた時点でのデータの流れの様子を図 6.4 に示す．関数 fib は，引数 4 が 2 未満ではなかったため，アルゴリズムの 5 行目以降の実行に移る．すなわち，fib と同じ機能を持った分身のような関数をとりあえず一つ呼び，その返

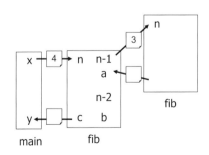

図 6.4　分割統治法によるフィボナッチ数列計算のデータの流れ
　　　　（再帰呼出し時）

64　第6章　アルゴリズムを設計する方法

▶ [変数名の有効範囲]
　ある関数の引数や内部で用いられる局所変数の名前は，その関数内でしか有効でなく，たとえ同じ定義を持つ関数の分身でも，引数や局所変数の値は区別されることとする．

り値を待っている状態となる．mainに呼び出されたfibの引数nの値は4だが，そのfibに呼び出されたfibの引数nの値は3となっていることに注意しよう．

もっと進んだ時点を図6.5に示す．ここでは引数として1を受け取ったfibと，0を受け取ったfibが，アルゴリズムの2,3行目の実行によって返り値を返している．このあと，その直前のfibがa=1とb=0の和としてc=1を呼出し元に返す，ということが続いていく．

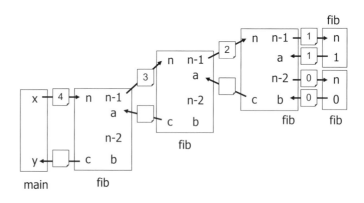

図 **6.5** 分割統治法によるフィボナッチ数列計算のデータの流れ（折り返し時）

――― 例題 6.1 ―――
分割統治法でフィボナッチ数列の第4項を求める図を完成させよ．

――― 例題 6.1 の正解例 ―――
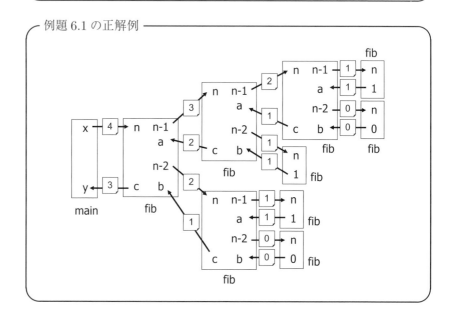

6.3 動的計画法

例題 6.1 では，分割統治法でフィボナッチ数列の第 4 項を求める際に，同じ計算を何回も繰り返していることがわかった．これらの無駄な計算を減らすために，一度計算した結果を記憶領域に保存して再利用する方法を**動的計画法** (dynamic programming) という．動的計画法によるフィボナッチ数列計算のアルゴリズムを図 6.6 に示す．

```
1    fib とは，引数 n について以下を行う関数とする．
2        変数 A に長さ n+1 の空の記憶領域を代入し，
3        A の 0 番目に 0 を代入し，
4        A の 1 番目に 1 を代入し，
5        i に，2 から n までを順に代入し，そのたびに
6            A の i-1 番目と i-2 番目の和を A の i 番目に代入する．
7        A の n 番目を返す．
```

図 **6.6** 動的計画法によるフィボナッチ数列計算のアルゴリズム

―― 例題 6.2 ――――
動的計画法でフィボナッチ数列の第 4 項を求める場合の図を示せ．

―― 例題 6.2 の正解例 ――――

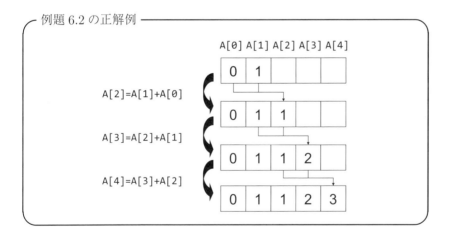

分割統治法も動的計画法も，大きい入力値に対する問題を，小さい入力値に対する問題に帰着させる方法であるが，分割統治法が「必要な小問題は何か」という観点でトップダウンに逆算していくのに対し，動的計画法は必要かどうかに関わらずボトムアップに小問題の答えを保存していく．動的計画法は，必要な小問題を 1 回ずつしか計算しなくてよい反面，まったく不要な小問題を解いてしまう可能性もある．

66   第 6 章　アルゴリズムを設計する方法

6.4　練習問題

1. 分割統治法でフィボナッチ数列の第 5 項を求める場合の図を示せ．また，図の中で a+b の足し算が実行される回数も答えよ．

2. 動的計画法でフィボナッチ数列の第 5 項を求める場合の図を示せ．また，図の中で A[i-1]+A[i-2] の足し算が実行される回数も答えよ．

3. 三角形を一つ描き（A とおく），Sierpinski$(A, 4)$，を実行せよ．ただし，三角形 X と正の整数 n に対して定義される以下の手続きを Sierpinski(X, n) と呼ぶことにする．

   - n が 1 ならば何もしない．
   - n が 2 以上ならば，三角形 X の三辺の中点を結んで内部を黒く塗り，黒く塗られていない部分を三つの三角形 X_1, X_2, X_3 と呼んで，Sierpinski$(X_1, n-1)$, Sierpinski$(X_2, n-1)$, Sierpinski$(X_3, n-1)$, を実行する．

6.5　6 章のまとめ

　本章では，大きい入力値に対する答えを得る問題を，小さい入力値に対する答えを得る問題に帰着させる方法として，以下の二つのアルゴリズムの設計法を学んだ．

1. 分割統治法

   - 大きい入力値に対する問題を解くために，どの小さい入力値に対する問題が必要かをトップダウンに逆算して求めていく．
   - 再帰的に定義された関数で実現できることが多い．
   - 同じ問題が重複される場合もある．
   - まったく必要のない小問題を解くことはない．

2. 動的計画法

   - 小さい入力値に対する問題をボトムアップに解いていき，配列等に保存しておいて再利用する．
   - 繰返し処理で実現できることが多い．
   - 同じ問題が重複されることはない．
   - まったく必要のない小問題を解く可能性がある．

6.6 Python 演習

6.6.1 分割統治法の Python プログラム

分割統治法によるフィボナッチ数列計算のアルゴリズム（図 6.2）を，Python プログラムとして実装したものをソースコード 6.1 に示す．Python は他の多くのプログラミング言語と同様，関数の再帰的定義を許しているため，日本語で書かれたアルゴリズムがほぼそのままプログラムとして表現されている．このプログラムによって第 6 項を計算させた例は以下の通りである．

ソースコード **6.1** fibonacci_divide.py

```
1  def fib(n):
2      if n < 2:
3          return n
4      else:
5          a = fib(n − 1)
6          b = fib(n − 2)
7          c = a + b
8          return c
```

```
>>> from fibonacci_divide import fib
>>> fib(6)
8
```

6.6.2 動的計画法の Python プログラム

本章内で議論したとおり，分割統治法によるフィボナッチ数列計算は，まったく同じ計算を何回も実行することになるため，効率が悪い．そこで，一度計算した結果を配列等に保存して再利用する動的計画法という方法も学んだ．動的計画法によるフィボナッチ数列計算のアルゴリズム（図 6.6）を，Python プログラムとして実装したものをソースコード 6.2 に示す．

2 行目に現れる式 None は，値が指定されていないことを表す時に使われる特別な値である．return で返り値を指定しない関数の返り値も None となる．if 文の条件式の値が None だった場合には，偽と判定される．

2 行目では，リストに対する*演算子も用いられている．整数に対する*演算子が+演算子の繰り返しを意味するのと同様に，リストに対する*演算子は，リストに対する+演算子の繰り返し，すなわち連結演算の繰返しを意味する．そのことが以下の入出力例で確認できる．

```
>>> [1,2] * 3
[1, 2, 1, 2, 1, 2]
>>> [1,2] * 0
[]
```

ソースコード 6.2   fibonacci_dynamic.py

```
1  def fib(n):
2      A = [None] * (n+1)
3      A[0] = 0
4      A[1] = 1
5      for i in range(2, n + 1):
6          A[i] = A[i − 1] + A[i − 2]
7      return A[n]
```

6.6.3 再帰的定義による効率の良いフィボナッチ数列（リスト版）

動的計画法は繰返し処理で実現されることが多い，と前述したが，じつは再帰的定義でも実現できることがある．返り値としてリストを許すことにすれば，再帰的定義でも動的計画法によるフィボナッチ数列を実現できる（ソースコード 6.3）．

ソースコード 6.3   fibonacci_list.py

```
1  def fib(n):
2      if n < 1:
3          return [0]
4      if n == 1:
5          return [0, 1]
6      A = fib(n − 1)
7      return A + [A[−1] + A[−2]]
```

このプログラムの fib(n) の値は，フィボナッチ数列の第 n 項までのリスト全体である．このようにすれば，再帰呼出しは 6 行目の fib(n-1) しかなく 1 回だけだが，その返り値の中に第 n-1 項も第 n-2 項も含まれているため，無駄に同じ計算を繰り返さずに済む．もし第 n 項の値だけを得たい場合は，以下の実行例の最後のように返り値にインデックス指定 [n] または [-1] を付け加えればよい．Python ではリストの最後尾を-1 番目，その前を-2 番目，... と呼び，負のインデックス値による参照を可能にしている．

```
>>> from fibonacci_list import fib
>>> fib(6)
[0, 1, 1, 2, 3, 5, 8]
>>> fib(6)[6]
8
>>> fib(6)[-1]
8
>>> fib(6)[-2]
5
```

7 行目に現れている+演算子のうち，一つ目はリストの連結演算で，二つ目は整数の加算であることに注意しよう．また，リスト A のインデックスとして負の数を与えていることにも注意しよう．

6.6.4 再帰的定義による効率の良いフィボナッチ数列（タプル版）

よく考えれば，第 n 項を計算するために必要なのは，第 n-1 項と第 n-2 項だけであり，それより前の値は捨てても良いことに気づく．そこでリストではなく二つの値からなるタプルを返す関数を再帰的に定義したプログラム例をソースコード 6.4 に示す．

ソースコード 6.4　fibonacci_tuple.py

```
1  def fib(n):
2      if n < 1:
3          return (0, 0)
4      if n == 1:
5          return (0, 1)
6      else:
7          (a, b) = fib(n − 1)
8          return (b, a + b)
```

このプログラムの fib(n) の値の左側はフィボナッチ数列の第 n-1 項，右側は第 n 項を表す．もし第 n 項の値だけを得たい場合は，以下の実行例の最後のように返り値にインデックス指定 [-1] を付け加えればよい．

```
>>> from fibonacci_tuple import fib
>>> fib(6)
(5, 8)
>>> fib(6)[-1]
8
```

6.6.5 再帰的定義による効率の良いフィボナッチ数列（多引数版）

関数の返り値としてタプルを使わなくても，引数を複数にすれば同じようなことができる．これはいわば，第0項と第1項を自由に決めることのできる汎用的なフィボナッチ数列を定義したようなものである．これまで紹介したプログラムよりも汎用性が高いが，実はこれが最もシンプルで効率も良い．プログラム例をソースコード6.5に示す．

ソースコード **6.5** fibonacci_general.py

```
1 def fib(n, a=0, b=1):
2     if n < 1:
3         return a
4     return fib(n − 1, b, a + b)
```

このプログラムの fib(n,a,b) は，第0項がaで第1項がbで残りは「直前の二つの値の和」が続く数列の，第n項を返す．引数名の直後の=で指定している値はデフォルト値 (default value) と呼ばれ，引数が与えられなかった場合に用いられる値である．

```
>>> from fibonacci_general import fib
>>> fib(6,0,-1)
-8
>>> fib(6,0,0)
0
>>> fib(6,0,10)
80
>>> fib(6)
8
```

6.7 練習問題正解例

───練習問題 1 の正解例───

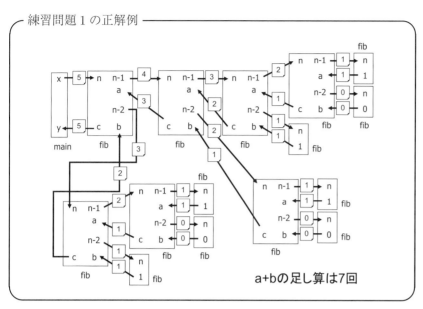

a+bの足し算は7回

───練習問題 2 の正解例───

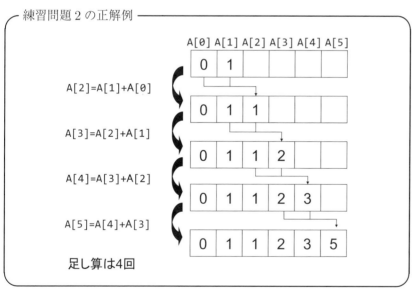

足し算は4回

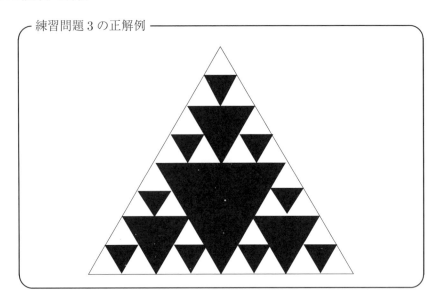

練習問題3の正解例

練習問題3の手続きで $n = \infty$ の場合を仮定してできる図はシェルピンスキーのギャスケット (Sierpinski gasket) と呼ばれている．あくまでも仮想的な図だが，三角形の中に全体を縮小した相似形の三角形が三つ含まれていることになる．このように全体の中の部分として全体の相似形を含んでいる図を自己相似図形あるいは**フラクタル** (fractal) と呼ぶ．フラクタルは自然界に現れる形のモデル化やコンピュータグラフィクスなどに応用されている．

第 **7** 章

問題に適した設計法とは

> **この章の目標**
> 与えられた問題に，分割統治法と動的計画法のどちらが向いているか，判断できるようになる．

難問は分割せよ

キーワード ハノイの塔問題，最短経路の数え上げ問題

7.1 ハノイの塔問題

6 章では，アルゴリズムの設計法として分割統治法と動的計画法を学んだ．どちらの設計法も，小さい入力値に対する答えを利用して，大きい入力値に対する問題を解く方法であるが，分割統治法はトップダウンに小問題を逆算していき，動的計画法はボトムアップに小問題を解いて答えを保存していく方法であった．

本章の目標は，与えられた問題に対して，その二つの設計法のうちどちらを選択すれば良いか判断できるようになることである．

最初に扱う題材はハノイの塔 (Tower of Hanoi) 問題である．この問題では，中央に穴の開いたサイズの異なる k 枚の円盤が，小さいものほど上になるようにして一軸という軸に刺さっているとする．この円盤をすべて三軸という軸に移動させることが目標である．途中に二軸も用いてよい．ただしルールとして，円盤は 1 枚ずつ移動しなければならず，しかもある円盤の上にそれより大きい円盤を乗せてはいけないことになっている（図 7.1）．

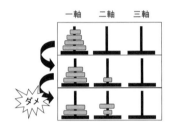

図 7.1 ハノイの塔問題

この問題を解くアイデアを図式化したものが図 7.2 である．軸の番号は特定せず，k 枚の円盤を start から end まで移動する方法を考えよう．その際，予備として yobi も用いることができるとする．確実に必要なのは，サイズ k の円盤を start から end まで移動する手順である（手順 2）．そ

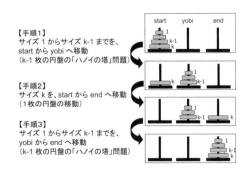

図 7.2 ハノイの塔問題のアルゴリズムの流れ

のために，一時的に $k-1$ 枚の円盤を移動させる問題（手順1）と，それらを最後に end まで移動する問題（手順3）を解かなければならない．手順1と手順3は $k-1$ 枚のハノイの塔問題に他ならないので，分割統治法か動的計画法で解けそうである．ただし軸が入れ替わっており，解く必要がある小問題は，$k-1$ 枚の円盤を start から yobi まで移動する問題と，yobi から end まで移動する問題だけである．そこで，トップダウンに逆算する分割統治法を適用すればよいことがわかる．

上記の流れをアルゴリズムとして設計したものが図 7.3 の関数 move(k,start,yobi,end) となる．

▶[動的計画法の適用]
動的計画法を適用することも可能だが，解いた小問題の約半分が使われず無駄になる．たとえば4枚の円盤を1軸から3軸まで移動するために，2枚の円盤を移動する小問題（6通り）のうち解く必要がある問題は3通りだけである．

```
1    move(k,start,yobi,end) とは，以下を行うこととする．
2        もし k が 2 以上なら
3            move(k-1,start,end,yobi) を実行する．
4        「start 軸の円盤を end 軸へ移動」と出力する．
5        もし k が 2 以上なら
6            move(k-1,yobi,start,end) を実行する．
```

図 **7.3** ハノイの塔問題のアルゴリズム

▶[関数 move の引数]
2,3行目（手順1）では予備として end を使用させ，5,6行目（手順3）では予備として start を使用させていることに注意しよう．また，4行目で出力するのは，変数 start と end を実際の整数値で置き換えたものであることにも注意しよう．

例題 7.1
円盤が2枚の場合のハノイの塔問題（つまり move(2,1,2,3)）のデータの受け渡し図を描け．それぞれの関数の出力「start 軸の円盤を end 軸へ移動」を，出力順に図式化したものも描け．

例題 7.1 の正解例

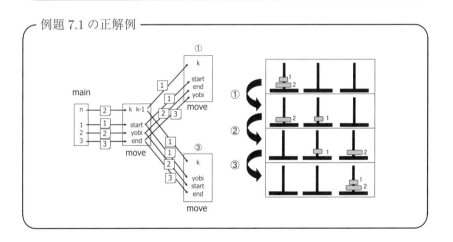

7.2 最短経路の数え上げ問題

次に扱う題材は**最短経路の数え上げ問題** (shortest path counting) 問題である．この問題は，図 7.4 のように格子状に道があったときに，始点から終点までの最短の経路の個数を数える問題である．×印の付いた交差点は通過できないものとする．問題のバリエーションとしては，縦と横に並ぶ交差点の個数と，×印の位置と個数は変わる場合があるが，始点は必ず左上で，終点は必ず右下とする．したがって，図 7.4 のように最短の経路では各交差点で右か下に進むことしかできないことがわかる．

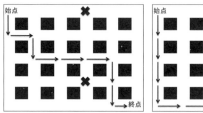
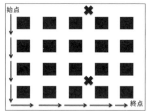

図 **7.4** 最短経路の例

この問題を解くアイデアを，図 7.5 の左の図で示す．各交差点では右か下に進むことしかできないのだから，逆に言えば，どの交差点にも，上か左からしか来ない．したがって，ある交差点までの経路の個数は，その上の交差点までの経路の個数と，左の交差点までの経路の個数の和で求められる．

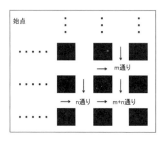

	A[*][0]	A[*][1]	A[*][2]	A[*][3]	A[*][4]	A[*][5]	A[*][6]
A[0][*]	0	0	0	0	0	0	0
A[1][*]	0	1	1	1	0	0	0
A[2][*]	0	1	2	3	3	3	3
A[3][*]	0	1	3	6	9	12	15
A[4][*]	0	1	4	10	0	12	27
A[5][*]	0	1	5	15	15	27	54

図 **7.5** 最短経路の数え上げアルゴリズムの流れ

この問題では，同じ計算の重複はあるだろうか．ある交差点までの経路の個数は，その下の交差点と右の交差点の計算で合計 2 回必要となることがわかる．したがって，重複があるので動的計画法が適切と判断できる．

動的計画法を用いてこの問題を解く流れを，図 7.5 の右の図で示す．整数の行列を用意し，そこに各交差点までの経路の個数を格納していく方針である．したがって図 7.4 の問題の場合，5 行 6 列が必要となるが，アルゴリズムを簡潔に表現する都合上，第 0 行と第 0 列も用意する．以下では，i 行 j 列の値を $A[i][j]$ と書くことにする．まず，第 0 行と第 0 列の値と，×印の位置の値をすべて 0 にし，始点の値は 1 にする．（図 7.5 の着色部）．次に，残りの位置の値を左上から右下まで矢印の順に見ていき，$A[i][j]$ に $A[i-1][j] + A[i][j-1]$ を代入することを繰り返す．最後に終点の位置に入っている値が問題の答えとなる．

例題 7.2

下のような格子状の道について，始点から終点までの最短経路の個数を答えよ．また，解くために動的計画法で用いた表も示せ．

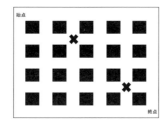

例題 7.2 の正解例

32 通り．

	A[*][0]	A[*][1]	A[*][2]	A[*][3]	A[*][4]	A[*][5]	A[*][6]
A[0][*]	0	0	0	0	0	0	0
A[1][*]	0	1	1	1	1	1	1
A[2][*]	0	1	2	0	1	2	3
A[3][*]	0	1	3	3	4	6	9
A[4][*]	0	1	4	7	11	0	9
A[5][*]	0	1	5	12	23	23	32

本章では，二つの題材を通じて分割統治法と動的計画法の選択基準を学んだ．ハノイの塔問題で軸の入れ替えが起こったように，どの小問題の答えが必要かボトムアップに準備しにくい場合には，分割統治法が適切であった．一方，最短経路の数え上げ問題のように，同じ小問題の答えを重複して使用する場合は，動的計画法が適切であった．

▶[動的計画法が適切]
ただし，×印の数が多く，×印で完全に囲まれた領域があった場合は，その内部の交差点について計算をすることは無駄と言える．分割統治法と異なり，ボトムアップに小問題を解くので，このような無駄は省けない．

7.3 練習問題

1. 円盤が3枚の場合のハノイの塔問題（つまり move(3,1,2,3)）のデータの受け渡し図を描け．それぞれの関数の出力「start 軸の円盤を end 軸へ移動」を，出力順に図式化したものも描け．
2. 下のような格子状の道について，始点から終点までの最短経路の個数を答えよ．また，解くために動的計画法で用いた表も示せ．

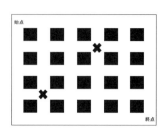

7.4 7章のまとめ

6章で，アルゴリズムの設計法として分割統治法と動的計画法を学んだ．本章では，与えられた問題に対して，その二つのうちどちらを選択すれば良いかを判断できるようになった．

- どの小問題の答えが必要かを，ボトムアップに準備しにくい場合には，分割統治法が適切．
- 同じ小問題の答えを重複して使用する場合には，動的計画法が適切．

7.5 Python 演習

7.5.1 ハノイの塔問題の Python プログラム

本章の図 7.3 で示した，分割統治法によるハノイの塔問題のアルゴリズムを，Python プログラムとして実装したものをソースコード 7.1 に示す.

ソースコード **7.1** hanoi.py

```
1  def move(k, start, yobi, end):
2      if k >= 2:
3          move(k − 1, start, end, yobi)
4      print(start, '軸の円盤を', end, '軸へ移動')
5      if k >= 2:
6          move(k − 1, yobi, start, end)
```

このプログラムによって 4 枚の円盤を 1 軸から 3 軸まで移動する方法を出力させた例は以下のとおりである.

```
>>> from hanoi import move
>>> move(4,1,2,3)
1 軸の円盤を  2 軸へ移動
1 軸の円盤を  3 軸へ移動
2 軸の円盤を  3 軸へ移動
1 軸の円盤を  2 軸へ移動
3 軸の円盤を  1 軸へ移動
3 軸の円盤を  2 軸へ移動
1 軸の円盤を  2 軸へ移動
1 軸の円盤を  3 軸へ移動
2 軸の円盤を  3 軸へ移動
2 軸の円盤を  1 軸へ移動
3 軸の円盤を  1 軸へ移動
2 軸の円盤を  3 軸へ移動
1 軸の円盤を  2 軸へ移動
1 軸の円盤を  3 軸へ移動
2 軸の円盤を  3 軸へ移動
```

7.5.2 最短経路の数え上げ問題の Python プログラム

本章の図 7.5 で示した，動的計画法による最短経路の数え上げ問題のアルゴリズムを，Python プログラムとして実装したものをソースコード 7.2

80   第7章 問題に適した設計法とは

に示す.

ソースコード 7.2 shortest_path.py

```
1  def counting(a, b, X):
2      A = [[-1 for j in range(b + 1)] for i in range(a + 1)]
3      for i in range(a + 1):
4          A[i][0] = 0
5      for j in range(b + 1):
6          A[0][j] = 0
7      for (i, j) in X:
8          A[i][j] = 0
9      A[1][1] = 1
10     for i in range(1, a + 1):
11         for j in range(1, b + 1):
12             if A[i][j] == -1:
13                 A[i][j] = A[i - 1][j] + A[i][j - 1]
14     return A[a][b]
```

このプログラムの counting(a,b,X) は,交差点が縦に a 個,横に b 個ある格子状の道での最短経路の数を返すが,通れない交差点の座標のリスト X も受け取るものとする.つまり,X にタプル (i,j) が含まれている場合は,上から i 番目,左から j 番目の交差点(始点の座標を (1,1) と数える)が通れないものとみなす.

このプログラムによって例題 7.2 の問題を解かせた出力例は以下のとおりである.

```
>>> from shortest_path import counting
>>> counting(5,6,[(2,3),(4,5)])
32
```

プログラムの 2 行目では,引数が一つしかない range 式が現れている. 4 章で,range(x,y,z) は初項が x で公差が z の等差数列で y に達する前までの列を表し,三番目の引数 z を省略すると公差は 1 とみなされる,と述べたが,実は x も省略すると初項は 0 とみなされる.よって,式 range(y) によって 0 から y-1 までの整数を用いた繰返しが実現できる.

2 行目では,その range 式と共に,リスト内包 (list comprehension) という表記を用いてリストを生成している.[式 for 変数 in イテラブルオブジェクト] と表記すると,イテラブルオブジェクトによる繰返し処理を行って,式で表される値からなるリストを生成できる.今回は [-1 for j in range(b + 1)] によって-1 が b+1 個並んだリストを生成し,それをさらに [式 for i in range(a + 1)] の中の式として利用す

ることにより，「-1 が b+1 個並んだリスト」が a+1 個並んだリスト A を生成している（以下の出力例の三つ目の例．ただし以下は，見やすくするために適宜改行を入れてある）．これは図 7.5 で示した動的計画法のための表 A を意図している．A[i] が第 i 行を表し，A[i][j] が i 行 j 列の要素を表す．

```
>>> [j for j in range(7)]
[0, 1, 2, 3, 4, 5, 6]
>>> [-1 for j in range(7)]
[-1, -1, -1, -1, -1, -1, -1]
>>> [[-1 for j in range(7)] for i in range(6)]
[[-1, -1, -1, -1, -1, -1, -1],
 [-1, -1, -1, -1, -1, -1, -1],
 [-1, -1, -1, -1, -1, -1, -1],
 [-1, -1, -1, -1, -1, -1, -1],
 [-1, -1, -1, -1, -1, -1, -1],
 [-1, -1, -1, -1, -1, -1, -1]]
>>>
```

3,4 行目では第 0 列の値をすべて 0 にし，5,6 行目では第 0 行の値をすべて 0 にし，7,8 行目では通過できない位置に 0 を代入している．9 行目では始点の位置に 1 を代入している．

10 行目から 13 行目までで，残りの位置の要素 A[i][j] に A[i-1][j] と A[i][j-1] の和を代入することを繰り返している．11 行目の for 文によって 12,13 行目が繰り返され，その 11,12,13 行目全体を 10 行目の for 文によって繰り返している．これは，図 7.5 で示した矢印の順を表している．12 行目の if 文は，A[i][j] がすでに 3 行目から 9 行目によって 0 や 1 を代入された位置かどうかを確認するための条件分岐である．

7.5.3 ハノイの塔問題の移動回数の計算

前述のハノイの塔の Python プログラムでは，4 枚の円盤を 1 軸から 3 軸まで移動する方法を出力させたが，そのうち最初の 3 行と最後の 3 行はまったく同じである．実は，これらは「サイズ 1,2 の円盤を 1 軸から 3 軸に移動する」という同じ部分問題の解として出力されたものである．つまり，分割統治法によるハノイの塔問題では，同じ小問題を重複して解いているのである．しかし，だからといって動的計画法で解くには，移動元と移動先にどの軸を指定した小問題を解けば良いかをあらかじめ予測しにくい（よく考えれば，各サイズについて 3 通りの小問題だけを解いておけば

よいことがわかるのだが).

ただし, ハノイの塔問題の「円盤を移動する手順」ではなく, 「円盤の移動回数」のみを問う問題ならば, 動的計画法でも簡単に解ける (さらによく考えれば, 引数 k に対し $2^k - 1$ を返せばよいので動的計画法すら必要ないのだが). アルゴリズムを図 7.6 に示す.

1 　move とは, 引数 k について以下を行う関数とする.
2 　　　変数 A に長さ k の空のリストを代入し,
3 　　　A の 0 番目に 1 を代入し,
4 　　　i に, 1 から k-1 までを順に代入し, そのたびに
5 　　　　　A の i-1 番目の 2 倍+1 を A の i 番目に代入する.
6 　　　A の k-1 番目を返す.

図 **7.6** ハノイの塔問題の移動回数計算のアルゴリズム

i 枚の円盤をある軸から他の軸へ移動する際に必要な移動回数が, A の i-1 番目に保存される. どの軸からどの軸への移動か, ということを気にしなくてよくなるため, 解くべき小問題が簡単になっている. このアルゴリズムを, Python プログラムとして実装したものをソースコード 7.3 に示す.

ソースコード **7.3**　hanoi_number.py

```python
def move(k):
    A = [None] * k
    A[0] = 1
    for i in range(1, k):
        A[i] = 2 * A[i - 1] + 1
    return A[k - 1]
```

このプログラムによって 4 枚の円盤の移動回数を解かせた出力例は以下のとおりである. 前節の出力例が 15 行あったことと一致した結果である.

```
>>> from hanoi_number import move
>>> move(4)
15
```

7.6 練習問題正解例

― 練習問題1の正解例 ―

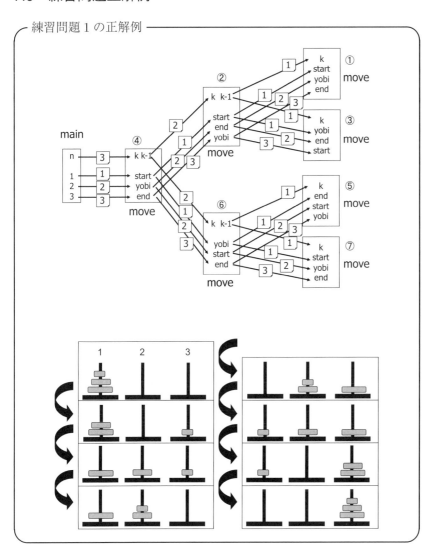

練習問題 2 の正解例

66 通り.

	A[*][0]	A[*][1]	A[*][2]	A[*][3]	A[*][4]	A[*][5]	A[*][6]
A[0][*]	0	0	0	0	0	0	0
A[1][*]	0	1	1	1	1	1	1
A[2][*]	0	1	2	3	0	1	2
A[3][*]	0	1	3	6	6	7	9
A[4][*]	0	1	0	6	12	19	28
A[5][*]	0	1	1	7	19	38	66

第 8 章

設計法を応用した並べ替え

> **この章の目標**
> 1. 並べ替え問題に分割統治法を応用して得られるアルゴリズムについて説明できるようになる．
> 2. そのアルゴリズムが，第 5 章までに扱った整列アルゴリズムよりも速いことを説明できるようになる．

キーワード マージソート，漸近的計算量

第5章までに扱った，選択ソート，挿入ソート，バブルソート，バブルソートの改良版，は，いずれも入力の長さが n のときに比較回数が最大（あるいは常に）$\frac{n(n-1)}{2}$ 回必要であった．では，それより少ない比較回数で常に整列できるアルゴリズムは存在しないのだろうか．じつは，前章までに学んだ分割統治法を整列に応用すれば，そのようなアルゴリズムとしてマージソートというアルゴリズムが得られる．本章ではこのアルゴリズムを学んで，本当に比較回数が少ないかどうか確かめよう．

8.1 マージソート

マージソート (merge sort) の流れを図 8.1 に示す．このアルゴリズムでは，まず入力列を単純に半分に分割する．

▶ [半分に分割]
　入力列の長さが奇数の場合は片方が1長くなるように分割する．

そして，分割されたそれぞれの列をどうにかしてソートする．最後に，得られた二つの昇順の列をマージ（併合すること）するのだが，その際は全体としても昇順になるように注意深くマージする（手順は後述する）．

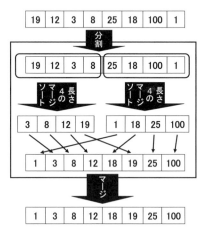

図 8.1　マージソートの流れ

分割された列のそれぞれをどのようにソートするかというと，「同様にソートする」というのが答えである．つまり，長さ4の列は長さ2の列二つに分割して同様に行い，長さ2の列は長さ1の列二つに分割して同様に行う，ということである．長さ1の列はどうだろうか．これはすでに昇順とみなせるので何もしなくてよい．マージソートは長い列の整列をするために，短い列のマージソートの結果をトップダウンに利用するので，分割統治法を応用していると言える．

最後のマージの手順を考えよう．注意すべきなのは，マージする二つの列のそれぞれは，すでに昇順になっているということである．したがって，

最小値はどちらかの列の先頭である．そこで先頭同士を比較して最小値を判断すればよい．続きはどうすればよいだろうか．これも「同様にマージする」というのが答えである．つまり，図 8.2 に示すように，先頭が小さかった側は先頭を削除してもう片方の列と比較する，ということを繰り返すわけである．片方の列がすべて削除されるとマージは終了である．

▶[先頭同士の比較]
スポーツでの勝抜き戦方式の団体戦のようなもの．

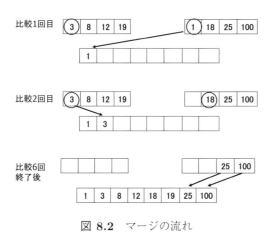

図 8.2 マージの流れ

マージソートにおける比較回数は，どのようになるだろうか．比較はマージにおいて行われるが，比較の回数はマージが早く終わるか遅く終わるかで変わってくる．したがって比較の回数は一定ではない．図 8.1 と同じ入力列については，全体の流れと比較の回数は図 8.3 のように図示できる．このことを例題 8.1 を解くことで確認しよう．

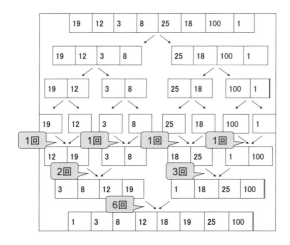

図 8.3 マージソートにおける比較回数例

> **例題 8.1**
>
> 配列 [19,12,3,8,25,18,100,1] のマージソートにおいて，途中のマージの各時点で行われる比較の対象を図示し，比較の合計回数も答えよ．

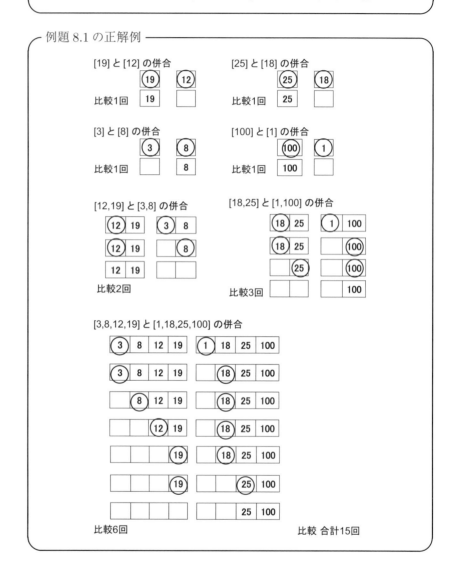

例題 8.1 の正解例

8.2 マージソートにおける比較回数

前節で，マージソートにおける比較の回数は一定ではないことがわかったが，では最小値と最大値を求めることはできるだろうか．まずは簡単な場合を考えるため，入力列の長さが $n = 16$ だったと仮定して，最小値と最大値を着色部の面積として表したものが図 8.4 である．ただし，長さが $n = 2^m$ と表される場合はすべて同様に考えることができる．

マージにおいて比較の回数が最小で済むということは，「片方の列の要素がすべて削除され，相手の列は一つも削除されなかった」ということを意

▶ [最小で済んだ場合とは]
団体戦に例えると完敗ということ．

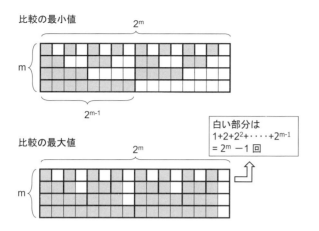

図 8.4 長さ 2^m の配列（$m=4$ の例）のマージソートでの比較回数（着色部）

味する．長さ 16 の列のマージソートの場合，最後のマージは片方の 8 個が削除されただけで終わった，ということである．図では削除された要素を着色している．また，その際に再帰的に解かれる「長さ 8 のマージソート」「長さ 4 のマージソート」等でもすべて同じ状況が起こった場合が，全体として比較の回数が最小になる場合である．着色部をすべて左に寄せると，ちょうど縦が m，横が 2^{m-1} という長方形を埋めることになり，最小比較回数は $m \cdot 2^{m-1}$ 回ということがわかる．

一方，比較の回数が最大になるということは，「片方の列の要素が 1 個だけ残り，他はすべて削除された」ということを意味する．長さ 16 の列のマージソートの場合，最後のマージは片方の 8 個ともう片方の 7 個が削除されて終わった，ということである．全体でそれが起こったとすると，着色部は全体の $m \cdot 2^m$ から白色部を除いた面積となるが，白色部の面積は $1 + 2 + 2^2 + \cdots + 2^{m-1} = 2^m - 1$ となる．

したがって最大比較回数は $m \cdot 2^m - 2^m + 1$ 回ということがわかる．$n = 2^m$ を満たす m のことを「2 を底とする n の**対数** (logarithm)」といい，$\log(n)$ と書く．これを用いると比較回数の最大値は $n \cdot \log(n) - n + 1$ と書ける．

8.3 これまでのソートとマージソートの計算量の違い

挿入ソート等の最大比較回数が $\frac{n(n-1)}{2}$ 回であるのに対して，マージソートの最大比較回数は $n \cdot \log(n) - n + 1$ 回であった．それぞれの式の「n を大きくしていく場合の増加率」は，前者は n^2 と同等（$O(n^2)$ と書く），後者は $n \cdot \log(n)$ と同等（$O(n \cdot \log(n))$ と書く）といえる．このように近似された計算量を**漸近的計算量** (asymptotic complexity) と呼び，これが異なるアルゴリズムは計算量が本質的に異なることを意味する．マージソートは挿入ソート等と比べて本質的に速いアルゴリズムということになる．

▶[着色部の位置について]
この図ではいつも左側ばかり削除されたことにしている．実際には削除された側が右側でも面積は同じである．

▶[最大の場合とは]
団体戦に例えると接戦ということ．

▶[白色部の面積の根拠]
$1 + (1 + 2 + \cdots + 2^{m-1}) = 2 + 2 + \cdots + 2^{m-1} = 2^2 + 2^2 + \cdots + 2^{m-1} = \cdots = 2^m$
だから．

▶[対数で表す利点]
$\log(n)$ は正の実数 n に対して広く定義されており，これを用いた比較回数の式は入力の長さが 2^m と表せない場合でも近似値として有効である．

▶[O について]
$O(\ldots)$ はオーダーと読む．

90 第8章 設計法を応用した並べ替え

8.4 練習問題

1. 配列 [4,3,2,1,8,7,6,5] のマージソートにおいて，途中のマージの各時点で行われる比較の対象を図示し，比較の合計回数も答えよ．

2. 配列 [8,3,2,5,4,7,6,1] のマージソートにおいて，途中のマージの各時点で行われる比較の対象を図示し，比較の合計回数も答えよ．

8.5 8章のまとめ

1. 並べ替え問題に分割統治法を応用して得られるアルゴリズムについて説明できるようになった．

   - 分割，再帰，マージ，の手順からなり，マージソートという．

2. マージソートが第5章までに扱った整列アルゴリズムよりも速いことを説明できるようになった．

   - 計算量を「入力サイズ n を大きくしていく場合の増加率」で表したものを漸近的計算量と呼ぶ．
   - マージソートの漸近的計算量は $O(n \cdot \log(n))$ で，第5章までに扱った整列アルゴリズムの $O(n^2)$ に比べて本質的に速い．

8.6 Python 演習

本章で扱ったマージソートを実装した Python プログラムをソースコード 8.1 に示す.

ソースコード **8.1** merge_sort.py

```
1  def sort(A):
2      if len(A) < 2:
3          return A
4      c = len(A)//2
5      return merge(sort(A[:c]), sort(A[c:]))
6
7  def merge(X, Y):
8      if len(X) < 1:
9          return Y
10     if len(Y) < 1:
11         return X
12     if (X[0] > Y[0]):
13         return [Y[0]] + merge(X, Y[1:])
14     else:
15         return [X[0]] + merge(X[1:], Y)
```

このプログラムの sort 関数は,第5章までのプログラムとは違い,引数のリストを並べ替えてできる新しいリストを生成する関数として定義されている.したがって,以下のように引数は元のままであることに注意しよう.

```
>>> from merge_sort import sort
>>> A=[19,12,3,8,25,18,100,1]
>>> sort(A)
[1, 3, 8, 12, 18, 19, 25, 100]
>>> A
[19, 12, 3, 8, 25, 18, 100, 1]
```

まず第5章までの整列プログラムと大きく異なる点は,リスト内の位置を表す i や j といった変数や繰返し処理の for 文が使われていないことであろう.それらが不要となった理由の一つは,「残りは同様に」という分割統治法の意図が再帰的定義によって直接プログラムとして表現できることである.

7行目と8行目の間に print(X,Y) という一行を加えれば,以下のように途中経過を確かめられる.これは例題 8.1 で確かめたのとまったく同じ図である.

92　第 8 章　設計法を応用した並べ替え

```
>>> sort([19,12,3,8,25,18,100,1])
[19] [12]
[19] []
[3] [8]
[] [8]
[12, 19] [3, 8]
[12, 19] [8]
[12, 19] []
[25] [18]
[25] []
[100] [1]
[100] []
[18, 25] [1, 100]
[18, 25] [100]
[25] [100]
[] [100]
[3, 8, 12, 19] [1, 18, 25, 100]
[3, 8, 12, 19] [18, 25, 100]
[8, 12, 19] [18, 25, 100]
[12, 19] [18, 25, 100]
[19] [18, 25, 100]
[19] [25, 100]
[] [25, 100]
[1, 3, 8, 12, 18, 19, 25, 100]
```

　このプログラムの意味は図 8.5 のとおりである．式 sort(A) はもちろ
ん「A をマージソートして得られたリスト」になるように意図されている．
図 8.1 には明確に記していないが，長さが 1 未満のリストは並べ替える必要
はない．したがってそのような場合は 2,3 行目で A そのものを返している．

　4 行目では A を半分に分割する際の後半の先頭の位置を変数 c に代入し
ている．Python は C 言語と異なり，演算子/は引数が整数であろうと小数
であろうと除算の小数値を返す．Python で除算の整数部分を得たい場合
は演算子//を用いる．A の長さが奇数の場合は，このプログラムでは c が
ちょうど中央の位置を表すことになるので，分割としては後半のリストが
1 長くなることがわかる．

```
1    sort とは，引数 A について以下を行う関数とする．
2        もし A の長さが 2 未満なら
3            A そのものを返す．
4        A の長さ ÷ 2 の整数部分を c に代入し，
5        A の c-1 番目までと c 番目以降の各 sort 結果の merge 結果を返す．
6
7    merge とは，引数 X,Y について以下を行う関数とする．
8        もし X の長さが 1 未満なら
9            Y を返す．
10       もし Y の長さが 1 未満なら
11           X を返す．
12       もし X の先頭が Y の先頭より大きいなら
13           Y の先頭,merge(X,Y の先頭以外) の順に連結して返す．
14       そうでないなら
15           X の先頭,merge(X の先頭以外,Y) の順に連結して返す．
```

図 **8.5** merge_sort.py のアルゴリズム

```
>>> len([1,2,3])/2
1.5
>>> len([1,2,3])//2
1
>>> 5//3
1
>>> -5//3
-2
```

5 行目では A の前半と後半に分割したものに対して関数 sort を再帰呼出ししているが，ここでは Python のスライスと呼ばれるリスト演算が用いられている．**スライス (slice)** とはリストの中の一要素ではなくある位置からある位置までの範囲をコピーしたものを簡単に得ることのできる演算で，リスト名 [開始位置:終了位置] という式で表現する．ただしコピーされるのは「終了位置」の一つ前までの値であることに注意すること．また，開始位置や終了位置は省略することもでき，その場合は端までをコピーすることとなる．

```
>>> A=[10,20,30,40,50]
>>> A[1:3]
[20, 30]
>>> A[1:]
[20, 30, 40, 50]
>>> A[:3]
[10, 20, 30]
>>> A[1:-2]
[20, 30]
>>> A[-4:-2]
[20, 30]
>>> A[:]
[10, 20, 30, 40, 50]
```

7行目以降では，式 merge(X,Y) が「X と Y をマージして得られたリスト」になるように意図されている．関数 merge(X,Y) の動きは以下のように確かめられる．

```
>>> from merge_sort import merge
>>> merge([5],[])
[5]
>>> merge([2,5],[3,4])
[2, 3, 4, 5]
>>> [1] + merge([2,5],[3,4])
[1, 2, 3, 4, 5]
```

8行目から11行目では，X と Y のどちらかが空になった場合に，もう片方を返す．これがマージの終了を意味する．

12行目から15行目では，X と Y のうち先頭が小さかった方については先頭を削除したものを使って，マージの続きを行っている．「先頭を削除した残りのリスト」も上述のスライスを使って簡単に記述できている．削除された先頭部分は，忘れずに返り値に連結してあげなければならない．

8.7 練習問題正解例

練習問題 1 の正解例

[4] と [3] の併合

比較1回

[8] と [7] の併合

比較1回

[2] と [1] の併合

比較1回

[6] と [5] の併合

比較1回

[3,4] と [1,2] の併合

比較2回

[7,8] と [5,6] の併合

比較2回

[1,2,3,4] と [5,6,7,8] の併合

比較4回

比較 合計12回

練習問題 2 の正解例

[8] と [3] の併合
比較1回

[4] と [7] の併合
比較1回

[2] と [5] の併合
比較1回

[6] と [1] の併合
比較1回

[3,8] と [2,5] の併合
比較3回

[4,7] と [1,6] の併合
比較3回

[2,3,5,8] と [1,4,6,7] の併合

比較7回　　　　　　　　　　　　　　　　比較 合計17回

第9章

分割統治法による ソートの分類

この章の目標

1. 並べ替え問題に分割統治法を応用して得られるアルゴリズムは，マージソートだけではないことについて説明できるようになる．
2. 第5章までに扱った整列アルゴリズムも分割統治法としてみなせることを説明できるようになる．

付き合う方が大変なのか、別れる方が大変なのか

キーワード　クイックソート

前章では，並べ替え問題に分割統治法を応用してマージソートというアルゴリズムを得た．しかし分割統治法というのは，アルゴリズムの大まかな設計法に過ぎない．じつは，並べ替え問題に分割統治法を応用して得られるアルゴリズムはマージソートだけではない．それどころか，選択ソート，挿入ソート，バブルソートも，分割統治法の応用と見ることもできる．本章では，分割統治法の応用の仕方は複数あるということを学んでいく．

9.1 クイックソート

本節では，分割統治法を応用した整列アルゴリズムとして，**クイックソート** (quick sort) を学ぶ．前節で学んだマージソートとクイックソートの違いを図 9.1 に示す．

マージソートもクイックソートも，まず入力列を分割し，次に分割されたそれぞれの列を再帰的にソートし，最後にマージする，という流れは同じである．違うのは，マージソートでは最後のマージが全体として昇順になるように工夫したものであったのに対して，クイックソートでは最初の分割が工夫されていることである．

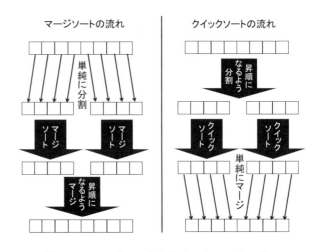

図 **9.1** マージソートとクイックソートの違い

では，クイックソートにおける分割とはどのような操作なのか，例を用いた図 9.2 で説明する．この分割では，大まかに前半に小さい値，後半に大きい値を移動させることを目標とし，前半と後半のそれぞれの内部を昇順にすることは目標としない．そこでまず，先頭の要素を**ピボット** (pivot) と呼び，残りの部分については，ピボット未満の値はピボットより前に，ピボット以上の値はピボットより後ろに移動させる．

この分割によって，前半，ピボット，後半，の三つに分割されたことに

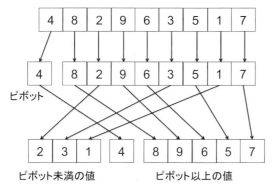

図 9.2 クイックソートにおける分割

なる．このうちピボットは整列完了までこのまま移動させる必要がないため，再帰的にクイックソートを行う対象には含まないことに注意しよう．

また，長さが 1 または 0 の列は分割も再帰もしないことも，念のため述べておく．

クイックソートの定義としてはこれだけだが，具体的な実装方法については様々な方法が考えられる．たとえば，ピボットには必ずしも先頭ではなく最後尾や中央の値を採用しても良い．また，図 9.2 のように元の順序を保ったまま前半と後半にそれぞれ移動させる方法もあるが，元の順序を必ずしも保たない移動のさせ方もある．本章では，図 9.2 のように元の順序を保ったまま前半と後半にそれぞれ移動させる方法を用いるものとし，例題 9.1 で理解を確認する．

▶[ピボットの扱い]
したがって，マージソートと比較した図 9.1 はピボットに関する部分は不正確である．

―― 例題 9.1 ――――
列 [4,8,2,9,6,3,5,1,7] のクイックソートにおいて，途中で行われた分割のそれぞれの結果を図示し，比較の合計回数も答えよ．

―― 例題 9.1 の正解例 ――――

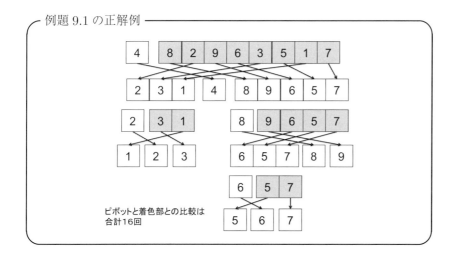

9.2 クイックソートにおける比較回数

クイックソートの「クイック」は「速い」という意味だが，実際にクイックソートは速いのかどうか，計算量を評価してみよう．入力列の長さが n の場合の比較回数の最小値と最大値を着色部の面積として表したものが図 9.3 である．クイックソートにおける比較とは，分割の際に起きる「ピボットとそれ以外との比較」のことである．各要素は，ピボットになるか，長さ 1 の列になるまで，比較の対象であり続ける．したがって，比較の回数が最小で済む場合とは，分割でできるだけ多くの細かい列に分割される場合であり，すなわち図 9.3 の上段に示すようにできるだけ均等に分割される場合である．この場合の比較回数は $n \log(n)$ 回と近似できる．

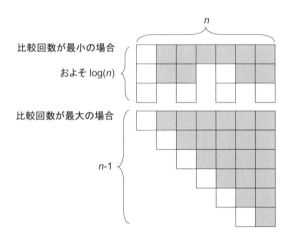

図 9.3 長さ n の配列（$n=7$ の例）のクイックソートでの比較回数（着色部）

一方，比較の回数が最大になる場合とは，分割ができるだけ長く続く場合であり，すなわち図 9.3 の下段に示すように，分割が常に，空列とピボットと残りに分けることしかできない場合である．この場合の比較回数は正確に $1 + 2 + \cdots + n - 1 = \frac{n(n-1)}{2}$ 回となる．

したがって，クイックソートの比較回数は最大値としてはバブルソート等と等しい．しかし最小値は $n \log(n)$ 回と近似でき，また，平均の場合の漸近的計算量も $O(n \cdot \log(n))$ であることが知られている．

9.3 選択ソート，挿入ソート，バブルソートと分割統治法

じつは，分割統治法によって得られる整列アルゴリズムは，マージソートとクイックソートだけではない．何を隠そう，第 5 章までに学んだ，選択ソート，挿入ソート，バブルソートも，分割統治法の応用と言えるのである．それは各アルゴリズムにおいて，「残りは同様に行う」という部分が

▶[最大の場合の図]
　この図では簡単のために，比較回数が最大となるのはピボットがいつも最小値になる場合を描いたが，最大値になる場合があっても比較回数は同じである．

あるからである．

　まず，分割統治法の応用とみなして関数の再帰的定義として記述した選択ソートのアルゴリズムを図 9.4 に示す．マージソートやクイックソートが 2 回再帰呼出しするのに対し，選択ソートは再帰呼出し 1 回の分割統治法とみなすことができる．マージは単純な連結だが，分割は最小値を発見する手間がかかるので，どちらかといえばクイックソートに近い例と言える．

```
1    sort とは，引数 A について以下を行う関数とする．
2        もし A の長さが 2 未満なら
3            A そのものを返す．
4        そうでないなら A を最小値 head と残り B に分割し，
5        head,sort(B) の順に連結して返す．
```

図 9.4　分割統治法としての選択ソート

　バブルソートも選択ソートとほぼ同じように表現できる．図 9.4 の 4 行目を「そうでないなら A を順序修正した結果を先頭 head と残り B に分割し，」と書き換えればよい．

　最後に，関数の再帰的定義として記述した挿入ソートのアルゴリズムを図 9.5 に示す．挿入ソートも再帰呼出し 1 回の分割統治法とみなすことができる．こちらは分割は単純だが，マージは適切な位置へ挿入する手間がかかるので，どちらかといえばマージソートに近い例といえる．

```
1    sort とは，引数 A について以下を行う関数とする．
2        もし A の長さが 2 未満なら
3            A そのものを返す．
4        そうでないなら，A を最後尾 tail と残り B に分け，sort(B) と
     [tail] をマージして返す．
```

図 9.5　分割統治法としての挿入ソート

　このように，さまざまなアルゴリズムを分割統治法として表現し直すと，互いの類似点や相違点が浮き彫りになって整理することができる．

9.4 練習問題

1. 列 [4,6,2,3,7,5,1] のクイックソートにおいて，途中で行われた分割のそれぞれの結果を図示し，比較の合計回数も答えよ．

2. 列 [1,2,3,4,5,6,7] のクイックソートにおいて，途中で行われた分割のそれぞれの結果を図示し，比較の合計回数も答えよ．

9.5 9章のまとめ

1. 並べ替え問題に分割統治法を応用して得られるアルゴリズムは，マージソートだけではないことがわかった．

   - 再帰が2回で，マージでソートする例：マージソート
   - 再帰が2回で，分割でソートする例 ：クイックソート
   - 再帰が1回で，マージでソートする例：挿入ソート
   - 再帰が1回で，分割でソートする例 ：選択ソート，バブルソート

2. クイックソートの平均計算量は $O(n \cdot \log(n))$ だが，最大計算量は $O(n^2)$ ということがわかった．

9.6 Python 演習

9.6.1 クイックソートの Python プログラム

クイックソートを実装した Python プログラムをソースコード 9.1 に示す.

ソースコード **9.1** quick_sort.py

```
 1  def sort(A):
 2      if len(A) < 2:
 3          return A
 4      p = A[0]
 5      X, Y = divide(p, A[1:])
 6      return sort(X) + [p] + sort(Y)
 7
 8  def divide(p, A):
 9      if len(A) < 1:
10          return ([], [])
11      X, Y = divide(p, A[1:])
12      a = A[0]
13      if a < p:
14          return ([a] + X, Y)
15      else:
16          return (X, [a] + Y)
```

8 行目以降で定義されている関数 divide は, ピボット p とリスト A を引数に受け取って, A 内の要素のうち p 未満のものを左側に, p 以上のものを右側に, 列挙してリストのタプルとして返す関数である.

```
>>> from quick_sort import divide
>>> divide(10,[3,20,1,30,2])
([3, 1, 2], [20, 30])
```

この関数 divide も分割統治法で定義されている. リスト A が空の場合は 9,10 行目で空のリスト二つからなるタプルを返す. そうでない場合は, まずは先頭を除いたリスト A[1:] について 11 行目で再帰的に関数 divide を適用し, 分割した結果 X,Y を得る. 最後に 12 行目以降で先頭 a とピボット p を比較し, a が p 未満ならば X に, そうでなければ Y に連結してタプルを返している.

関数 sort は, 関数 divide を利用してクイックソートを実現している. 全体の流れの確認のため, 4 行目と 5 行目の間に print(p,A[1:]) を追加し, 5 行目と 6 行目の間に print(X,p,Y) と print() を追加した結果を出力したものが以下である. 例題 9.1 の図と一致していることがわかる.

104   第 9 章 分割統治法によるソートの分類

```
>>> from quick_sort import sort
>>> sort([4,8,2,9,6,3,5,1,7])
4 [8, 2, 9, 6, 3, 5, 1, 7]
[2, 3, 1] 4 [8, 9, 6, 5, 7]

2 [3, 1]
[1] 2 [3]

8 [9, 6, 5, 7]
[6, 5, 7] 8 [9]

6 [5, 7]
[5] 6 [7]

[1, 2, 3, 4, 5, 6, 7, 8, 9]
```

9.6.2 分割統治法による選択ソート

分割統治法による選択ソートのプログラムをソースコード 9.2 に示す.
ただし,正確には選択ソートの随時交換版に近い.

ソースコード **9.2** selection_sort_rec.py

```
1  def sort(A):
2      if len(A) < 2:
3          return A
4      head, *B = select_min(A)
5      return [head] + sort(B)
6
7  def select_min(A):
8      if len(A) < 2:
9          return A
10     *B, tail = A
11     head, *C = select_min(B)
12     if (tail < head):
13         return [tail] + C + [head]
14     else:
15         return [head] + C + [tail]
```

5 行目までの意味は図 9.4 のとおりである.繰返し処理のプログラムと
異なり,i や j など「位置を表す変数」を導入する必要がなく,位置が 0

番目から始まる，という知識すら不要な書き方である．式 select_min(A)
は「最終的に A の先頭を最小値と入れ替えたリスト」になるように意図さ
れている．

```
>>> from selection_sort_rec import select_min
>>> select_min([40,30,1,20,10])
[1, 40, 30, 20, 10]
```

4,10,11 行目では，右辺のリストを「一つの値」と「残りの値からなるリス
ト」に分割している．代入では*をつけた変数が「残りのリスト」を指す．

9.6.3 分割統治法によるバブルソート

分割統治法によるバブルソートのプログラムをソースコード 9.3 に記す．
本章で述べたとおり，関数 sort の構造は分割統治法による選択ソートの
定義と全く同じである．4 行目に現れる式 modify_order(A) は「A を順序
修正した結果」になるように意図されている．関数 modify_order は，A
を最後尾 tail と最後尾の一つ前 hip（尾の前なので尻と呼ぶことにした）
と残り B に分け，もし hip が tail より大きいなら hip を最後尾に移動さ
せる必要があるため，B と tail の連結を modify_order の再帰呼出しで
順序修正してから最後に hip を連結して返している．

ソースコード **9.3** bubble_sort_rec.py

```
1  def sort(A):
2      if len(A) < 2:
3          return A
4      head, *B = modify_order(A)
5      return [head] + sort(B)
6
7  def modify_order(A):
8      if len(A) < 2:
9          return A
10     *B, hip, tail = A
11     if (hip > tail):
12         return modify_order(B + [tail]) + [hip]
13     else:
14         return modify_order(B + [hip]) + [tail]
```

```
>>> from bubble_sort_rec import modify_order
>>> modify_order([9,8,1,5,4])
[1, 9, 8, 4, 5]
```

106   第 9 章　分割統治法によるソートの分類

9.6.4　分割統治法による挿入ソート

　分割統治法による挿入ソートのプログラムをソースコード 9.4 に記す.
式 insert(A, temp) が「整列済みリスト A の適切な位置に temp を挿入し
たリスト」になるように意図されている.

ソースコード **9.4**　insertion_sort_rec.py

```
1  def sort(A):
2      if len(A) < 2:
3          return A
4      return insert(sort(A[:−1]), A[−1])
5
6  def insert(A, temp):
7      if len(A) < 1:
8          return [temp]
9      *B, tail = A
10     if tail > temp:
11         return insert(B, temp) + [tail]
12     else:
13         return A + [temp]
```

　関数 insert は, A を最後尾 tail と残り B に分け, 挿入したい temp が
もし tail より小さいなら hip を最後尾に移動させる必要があるため, B に
temp を insert の再帰呼出しで挿入してから最後に temp を連結して返し
ている.

```
>>> from insertion_sort_rec import insert
>>> insert([1,3,5,7,9],6)
[1, 3, 5, 6, 7, 9]
>>> insert([1,3,5,7,9],10)
[1, 3, 5, 7, 9, 10]
>>> insert([1,3,5,7,9],0)
[0, 1, 3, 5, 7, 9]
```

9.7 練習問題正解例

練習問題1の正解例

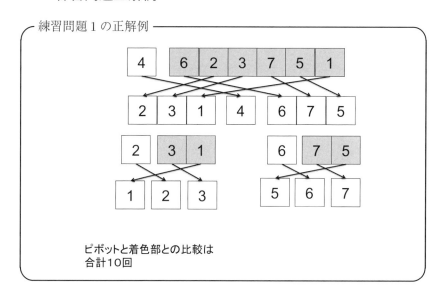

ピボットと着色部との比較は
合計10回

108　第9章　分割統治法によるソートの分類

練習問題2の正解例

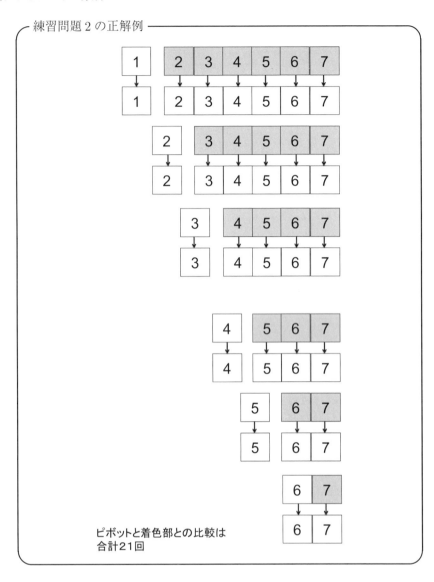

ピボットと着色部との比較は
合計21回

第 **10** 章

データ構造は
なぜ重要か

この章の目標
データ構造はなぜ重要か，例を挙げて説明できるようになる．

木からの発想を生かす！

キーワード 線形探索，2分探索，木，2分木，2分探索木，有向グラフ

本章から，いよいよデータ構造について紹介していく．1章で述べたとおり，データ構造とは，データの集まりの格納方法と操作方法をひとまとめにした概念のことである．その「操作方法」にはある種のアルゴリズムが備わっていると考えられるため，目的に応じて適したアルゴリズムを選択することと同様に，適したデータ構造を選択することも重要となる．本章では，目的として「探索」を例に挙げ，その目的に適したデータ構造を紹介する．

10.1 2分探索木

探索 (search) とは，データの集まりから特定の値（あるいは特定の条件を満たす値すべて）を探して有無を判定する問題である．データ集合が列の場合，探索の方法として図 10.1 に示す少なくとも二つの方法が考えられる．一つ目は**線形探索 (linear search)** と呼ばれ，先頭から一つ一つ探していく方法である．二つ目は**2分探索 (binary search)** と呼ばれ，探索する範囲を半分に絞る操作を繰り返す方法である．2分探索は，平均的に速い方法だが，ソート済みの列にしか使えない方法だということもわかるだろう．「ソート済みの列」というのは「ただの列」とは異なるデータ構造と考えられるので，これはデータ構造の違いによってアルゴリズムの効率が変わってくる典型例である．ただし 2 分探索だけでなく，それを応用してデータの挿入と削除も行うには，以下で紹介する 2 分探索木というデータ構造が，より適している．

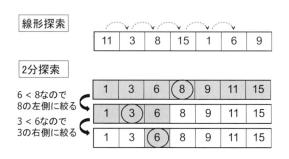

図 10.1　探索法の違い（6 を探している例）

データの集まりに加えて，データ間に向きのついた矢印も考えることのできるデータ構造は**有向グラフ (directed graph)** と呼ばれる．有向グラフに含まれているデータは**頂点 (vertex)** と呼ばれ，矢印は**枝 (edge)**（または辺）と呼ばれる．

有向グラフのうち一方向にしか枝分かれしないものは特に**木 (tree)** と呼ばれる．図 10.2 の左側の例のように，枝が合流したり循環したりしているも

のは，一方向の枝分かれではないので木ではない．木の頂点は**節点 (node)** とも呼ばれる．全体の木の一部分の節点と枝でできている木は**部分木 (subtree)** と呼ばれる．木において，ある節点から矢印で一つ先にある節点を，その節点の**子 (child)** と呼び，逆に矢印で一つ前にある節点を**親 (parent)** と呼ぶ．節点 n の右の子からたどれる節点と枝の全体でできる木は n **の右の部分木**と呼ばれ，節点 n の左の子からたどれる節点と枝の全体でできる木は n **の左の部分木**と呼ばれる．たとえば図 10.2 の右の例では，節点 4 の右の部分木とは，11,8,6,10 とその間の枝からなる部分木のことであり，節点 4 の左の部分木とは，1 だけからなる部分木のことである．特に木の最上部の節点は**根 (root)** とも呼ばれる．どの節点も子を二つ以下しか持たない木は **2 分木 (binary tree)** と呼ばれ，どの節点も，左の部分木に含まれているどの値よりも大きく，右の部分木に含まれているどの値よりも小さい，という条件を満たしている 2 分木は，**2 分探索木 (binary search tree)** と呼ばれる．たとえば図 10.2 の右の例は 2 分探索木である．2 分探索木は，子をたどっていけば 2 分探索をすることができるデータ構造である．

▶[木の向き]
　植物の木は上に向かって枝分かれするが，情報分野では，下の階層に向かって枝分かれした概念を木で表すことが多いので注意すること．

▶[子の向き]
　11 の子が一つだからといって，子を真下に描いてはいけない．それでは 2 分探索木かどうかあいまいになってしまう．

▶[2 分探索木の 2 分探索]
　ただし，節点が左右バランスよく配置されているとは限らないので，厳密な意味の 2 分探索にはならない．

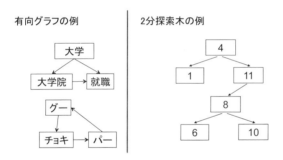

図 **10.2**　有向グラフと 2 分探索木の例

10.2　2 分探索木に対する節点の挿入と削除

　2 分探索木にデータを挿入するには，挿入後も木が 2 分探索木の条件を満たすように注意しなければならない．そのようなデータ挿入のアルゴリズムを図 10.3 に示す．図中の三角は，一つの節点ではなく部分木（空の場合もある）を表す．データ n を挿入する場合は，節点の値 `data` と n を比較して，n が入っている可能性のある部分木をたどっていく．`data=n` の場合は何もしない．

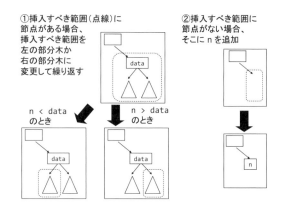

図 10.3 2分探索木への挿入アルゴリズム（n を挿入）

例題 10.1

空の 2 分探索木に対し，挿入アルゴリズムに従って，6,3,10,4,12 を順番に挿入した場合の，各挿入後の木の状態を図で表せ．

例題 10.1 の正解例

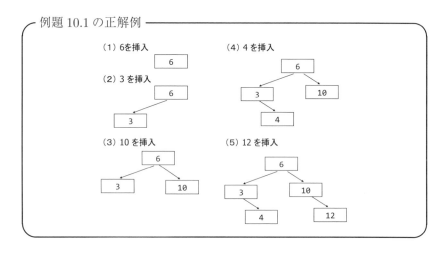

次に，2 分探索木からデータを削除するアルゴリズムを図 10.4 に示す．削除したい節点（削除対象）の子の数によって，手順が異なる．

子が 0 個ならば，単純に削除対象を削除すれば良い．子が 1 個ならば，削除対象の節点がある場所をその子以下の部分木で置き換えれば良い．

子が 2 個の場合は手順が複雑になる．まず削除対象の節点の右の部分木の中の最小値 m を削除し，削除対象の節点を m で置き換えれば良い．こうすれば 2 分探索木となる条件は保たれる．

ここで，削除対象の節点の子が 2 個の場合の削除アルゴリズムの中にもかかわらず，最小値 m を削除する手順が必要となった．一見，循環論法のように見えるかもしれないが，最小値 m の子は 0 個か 1 個しかありえない

▶[子が 2 個の場合の手順]
　右の部分木から最小値を削除する方法の他に，左の部分木から最大値を削除する方法でも良い．

10.2 2分探索木に対する節点の挿入と削除   113

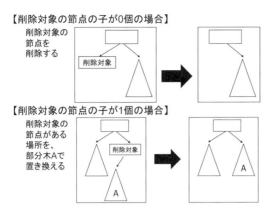

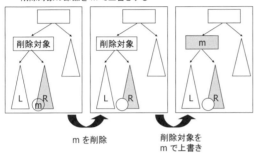

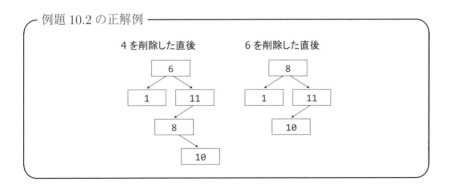

図 10.4 2分探索木からの削除アルゴリズム

ので，すでに示された削除方法を適用すればよく，問題ない．

例題 10.2

図 10.2 の右の 2 分探索木に対し，削除アルゴリズムに従って，4,6 を順番に削除した場合の，各削除後の木の状態を図で表せ．

例題 10.2 の正解例

10.3 練習問題

1. 以下の (A),(B),(C) のそれぞれについて、1,2,3,4,5,6,7 を探索値 n として 1 回ずつ探索したときの、探索値 n と節点 data との比較の合計回数を、それぞれ答えよ．

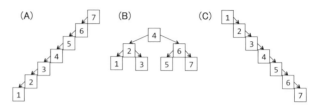

2. 空の 2 分探索木に対し、挿入アルゴリズムに従って、1,2,3 を 1 個ずつ挿入したが、挿入の順番は不明とする．この場合、最終形の 2 分探索木として可能性のあるものをすべて図示せよ．

3. 10.2 節で、ある部分木の最小値の子は 0 個か 1 個しかありえない、と記した．その理由を答えよ．

4. 右下の 2 分探索木に対し、削除アルゴリズムに従って、1,2 を順に削除した場合の最終形と、2,1 を順に削除した場合の最終形をそれぞれ図示せよ．

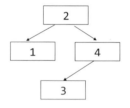

10.4 10 章のまとめ

1. データ構造はなぜ重要か、説明できるようになった．

   - データ構造にはデータの操作のアルゴリズムが内在している．
   - 目的に応じたアルゴリズムを選択することが効率のために重要であるのと同様に、目的に応じたデータ構造を選択することも重要である．

2. 例として、探索に適したデータ構造として 2 分探索木を学んだ．

   - 2 分探索木は、2 分探索を応用した挿入と削除ができるデータ構造である．
   - 2 分探索は線形探索よりも効率が良いので、2 分探索木への挿入と削除は、単なる木への挿入と削除より効率が良い．

10.5 Python 演習

10.5.1 2 分探索木への挿入の Python プログラム

2 分探索木への挿入と探索のアルゴリズムを実装した Python プログラムをソースコード 10.1 に示す．2 分探索木は長さ 3 か 0 のタプルの入れ子構造によって表す．長さ 3 のタプル (L,data,R) は，左の部分木 L と右の部分木 R とデータ data を持つ節点を表す．長さ 0 のタプル () は空の木を表す．ここで，子がない節点（葉と言う）が長さ 1 ではなく長さ 3 のタプルで表されることに注意すること．

ソースコード 10.1　bst.py

```
1  def show(T):
2      if len(T) == 0:
3          return ''
4      L, data, R = T
5      return '(' + show(L) + str(data) + show(R) + ')'
6
7  def insert(T, n):
8      if len(T) == 0:
9          return ((), n, ())
10     L, data, R = T
11     if n == data:
12         return T
13     if n < data:
14         return (insert(L, n), data, R)
15     return (L, data, insert(R, n))
16
17 def search(T, n):
18     if len(T) == 0:
19         return False
20     L, data, R = T
21     if n == data:
22         return True
23     if n < data:
24         return search(L, n)
25     return search(R, n)
```

ただし，そのまま出力すると括弧が多すぎてわかりにくいため，長さ 0 のタプルとコンマを省略して出力する関数 show も実装してある．プログラムの 5 行目で用いられている関数 str() は，値を人間に読みやすい文字列に変換する関数である．

116 第 10 章 データ構造はなぜ重要か

```
>>> from bst import show,insert,search
>>> X = ((),3,())
>>> show(X)
'(3)'
>>> X = (((),1,()),3,((),5,()))
>>> show(X)
'((1)3(5))'
```

関数 insert は，2 分探索木 T とデータ n を引数に受け取って，T 内に
n を挿入した結果を返す関数である．例題 10.1 と同じ挿入操作を繰り返す
と，以下のように正解例と同じような出力を得られる．

```
>>> X = insert((),6)
>>> show(X)
'(6)'
>>> X = insert(X,3)
>>> show(X)
'((3)6)'
>>> X = insert(X,10)
>>> show(X)
'((3)6(10))'
>>> X = insert(X,4)
>>> show(X)
'((3(4)6(10))'
>>> X = insert(X,12)
>>> show(X)
'((3(4))6(10(12)))'
```

8,9 行目では，T が空の場合にデータ n のみで子を持たない節点を返す．そ
れ以外の場合，10 行目で部分木 L,R とデータ data に分割し，n==data の
場合にはすでに n が T に含まれているので T を変更せず返す．n==data で
ない場合には，その大小に応じて左または右の部分木について再帰的に関
数を呼び出す．

　関数 search は，2 分探索木 T とデータ n を引数に受け取って，T 内の要
素として n が含まれているかどうかを判定する．関数 search の基本的な
流れは insert と同じであり，異なるのは return 文（19,22,24,25 行目）の
返り値だけである．最終的に True（真）か False（偽）のいずれかを返す．
例題 10.1 の結果の 2 分探索木に対して探索をした出力例を以下に示す．

```
>>> search(X,12)
True
>>> search(X,11)
False
```

10.5.2　2分探索木からの削除の Python プログラム

2分探索木からの削除のアルゴリズムを実装した Python プログラムを
ソースコード 10.2 に示す．関数 remove は，2分探索木 T とデータ n を引
数に受け取って，T から n を削除した結果を返す関数である．

ソースコード 10.2　bst2.py

```
 1  def remove(T, n):
 2      if len(T) == 0:
 3          return ()
 4      L, data, R = T
 5      if n == data:
 6          if len(L) == 0:
 7              return R
 8          if len(R) == 0:
 9              return L
10          m, X = remove_min(R)
11          return (L, m, X)
12      if n < data:
13          return (remove(L, n), data, R)
14      return (L, data, remove(R, n))
15
16  def remove_min(T):
17      L, data, R = T
18      if len(L) == 0:
19          return (data, R)
20      m, X = remove_min(L)
21      return (m, (X, data, R))
```

例題 10.2 と同じ削除操作を繰り返すと，以下のように正解例と同じよう
な出力を得られる（木 X の初期値は複雑なので，変数 Y を使って部分木を
表した）．

118 第10章 データ構造はなぜ重要か

```
>>> from bst2 import remove
>>> Y = (((),6,()),8,((),10,()))
>>> X = (((),1,()),4,(Y,11,()))
>>> show(X)
'((1)4(((6)8(10))11))'
>>> X = remove(X,4)
>>> show(X)
'((1)6((8(10))11))'
>>> X = remove(X,6)
>>> show(X)
'((1)8((10)11))'
```

　2,3 行目では，T が空の場合に空の木をそのまま返す．それ以外の場合，
4 行目で部分木 L,R とデータ data に分割し，n==data でない場合には，12
行目以降でその大小に応じて左または右の部分木について再帰的に関数を
呼び出す．n==data の場合には，data の削除の処理を行うが，L か R が長
さ 0 の場合は，子が 0 個または 1 個の場合を意味する．子が 0 個でも 1 個
でも，長さ 0 と判明していない方の子を返す命令でアルゴリズムどおりの
結果を得る．

　子が 2 個の場合には，右の部分木の最小値を削除する処理が必要となる．
10 行目に現れる関数 remove_min は 16 行目以降によって定義されており，
式 remove_min(T) が「T 内の最小値と残りの 2 分探索木の組」になるよう
に意図されている．2 分探索木から最小値を探す方法は簡単で，左の部分
木をたどっていけばよい．

```
>>> from bst2 import remove_min
>>> T = (((),3,()),5,((),7,()))
>>> show(T)
'((3)5(7))'
>>> m, X = remove_min(T)
>>> m
3
>>> X
((), 5, ((), 7, ()))
>>> show(X)
'(5(7))'
```

10.6 練習問題正解例

練習問題1. の正解例を見ることによって，2分探索木は左右のバランスが良い方が探索の手間が少ないことがわかる．

---練習問題1の正解例---
(A) と (C) は $1+2+\cdots+7=28$ 回．(B) は $1+2\times 2+3\times 4=17$ 回．

練習問題2. の正解例では，1,2,3 の挿入の順番は 6 通りあるにもかかわらず，最終形は 5 通りである点に注意が必要である．

---練習問題2の正解例---

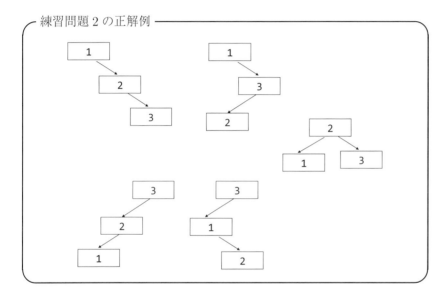

---練習問題3の正解例---
最小値 m に左の子 x があるとすると，x は m より小さいことになり，m が最小値であるという仮定に矛盾するから．

練習問題4. の正解例を見ることによって，削除の順番が異なると結果も異なる場合があることがわかる．

第 10 章 データ構造はなぜ重要か

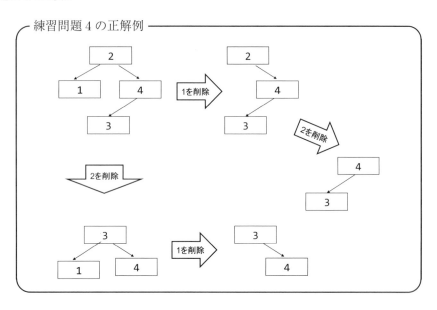
練習問題 4 の正解例

第 **11** 章

データ構造に依存したアルゴリズム

> **この章の目標**
> データ構造が変わるとアルゴリズムがどのように変わるのか，例を用いて説明できるようになる．

キーワード スタック，キュー，深さ優先探索，幅優先探索

前章では，目的に適したデータ構造の例として，ソート済みデータの探索に適した2分探索木というデータ構造を紹介した．本章では，データ構造が変わるとアルゴリズムがどのように変わるのか，例を用いて説明する．そのデータ構造としては，データの集まりを一列に格納するという点は共通だが，データを取り出す操作が異なっている，スタックとキューを用いる．

11.1　スタック

スタック (stack) とは，必要に応じて伸縮可能なデータの列で，挿入も削除も列の同じ側からしかできないデータ構造のことをいう．スタックのイメージを図 11.1 に示す．

スタックは片方の側が閉じている筒や箱と考えることができる．途中にあるデータを取り出すことはできないので，削除されるのは常に，格納されているデータの中で挿入された時期が最も遅いものとなる．そのため，**先入れ後出し (first-in last-out, FILO)** または**後入れ先出し (last-in first-out, LIFO)** とも呼ばれる．横積みにされた書類も，倒れないように常に上からしか書類を追加したり削除したりしないのであれば，スタックとみなせる．

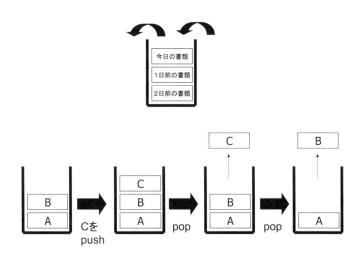

図 11.1　スタックのイメージと操作例

スタックにデータを挿入することを**プッシュ (push)** といい，スタックからデータを削除することを**ポップ (pop)** という．どのデータをプッシュするかは明示する必要があるが，削除されるデータは必然的に決まるのでポップするデータについて宣言する必要はない．スタックの応用例としては，ソフトウェアで誤った操作をした際に役立つ「元に戻す」という機能やブラウザの「戻る」機能などがあげられるだろう．過去の状態がスタックに入っており，「元に戻す」には，ポップして得られた状態に移ればよい

のである．

11.2 キュー

キュー (queue) とは，スタックと同様に必要に応じて伸縮可能なデータの列だが，挿入と削除が列の異なる側からしかできないデータ構造のことをいう．キューのイメージを図 11.2 に示す．

キューは両端が開いている筒と考えることができる．削除されるのは常に，格納されているデータの中で挿入された時期が最も早いものとなる．そのため，**先入れ先出し (first-in first-out)** または **FIFO** とも呼ばれる．キューの応用例としては，プリンタの印刷待ちジョブなど順番待ちの列があげられる．キューを**待ち行列**と呼ぶこともある．

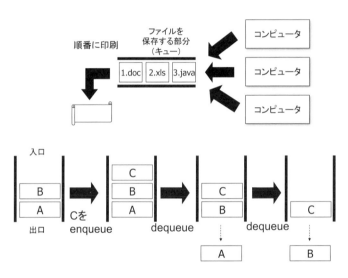

図 11.2 キューのイメージと操作例

キューにデータを挿入することを**エンキュー (enqueue)** といい，キューからデータを削除することを**デキュー (dequeue)** という．スタックと同様に，どのデータをエンキューするかは明示する必要があるが，デキューするデータについて宣言する必要はない．

11.3 深さ優先探索と幅優先探索

前述のスタックとキューを用いたアルゴリズムの例として，2分木における探索を考える．前章で扱った2分探索木と異なり，親子や左右のデータ間に条件は無い．

例題 11.1 と例題 11.2 を考えよう．いずれも同じ2分木に対して異なるアルゴリズムを適用する例だが，アルゴリズムの違いは，用いているデー

タ構造がスタックかキューかという点だけである．

― 例題 11.1 ―

2分木 T に対して，その節点を格納できるスタック S を用いた以下のアルゴリズムを考える．

1	T の根を S にプッシュする．
2	S が空でないなら以下 3〜6 を繰り返す．
3	S からポップしたデータを a と呼ぶ．
4	a の値と「,」を出力する．
5	a に左の子があれば，その節点を S にプッシュする．
6	a に右の子があれば，その節点を S にプッシュする．

このアルゴリズムを以下の2分木に適用した場合のスタック S の変化を順に示せ．それを基に出力結果も示せ．また，2分木内に出力の順番を示す点線の矢印も描け．

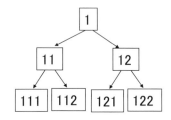

― 例題 11.2 ―

2分木 T に対して，その節点を格納できるキュー Q を用いた以下のアルゴリズムを考える．

1	T の根を Q にエンキューする．
2	Q が空でないなら以下 3〜6 を繰り返す．
3	Q からデキューしたデータを a と呼ぶ．
4	a の値と「,」を出力する．
5	a に左の子があれば，その節点を Q にエンキューする．
6	a に右の子があれば，その節点を Q にエンキューする．

このアルゴリズムを例題 11.1 と同じ2分木に適用した場合のキュー Q の変化を順に示せ．それを基に出力結果も示せ．また，2分木内に出力の順番を示す点線の矢印も描け．

― 例題 11.1 と例題 11.2 の正解例 ―

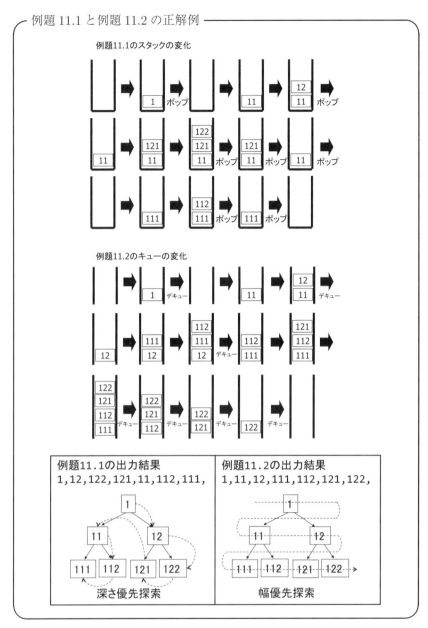

上記の二つの例題の正解例における，出力順を示す点線矢印に注目しよう．例題 11.1 では，一つの節点を探索したあとは，その子以下の節点をすべて探索し終わるまで，隣の節点には移らない．つまり深い位置の節点の探索を優先している．このような探索法を**深さ優先探索 (depth-first search)** という．一方，例題 11.2 では，一つの節点を探索したあとは，その同じ深さの節点をすべて探索し終わるまで，子以下の節点には移らない．このような探索法を**幅優先探索 (breadth-first search)** という．このように，用いるデータ構造を変えるだけで，全く異なる探索アルゴリズムが得られることがわかった．

126　第 11 章　データ構造に依存したアルゴリズム

11.4　練習問題

1. 空のスタックに対して以下の命令を順に行なった場合のスタックの変化を，図示せよ．

   - 「A をプッシュ」「B をプッシュ」「ポップ」「C をプッシュ」「D をプッシュ」「ポップ」「E をプッシュ」「ポップ」

2. 空のキューに対して以下の命令を順に行なった場合のキューの変化を，図示せよ．

   - 「A をエンキュー」「B をエンキュー」「デキュー」「C をエンキュー」「D をエンキュー」「デキュー」「E をエンキュー」「デキュー」

3. 2 分木 T に対して，その節点を格納できるスタック S を用いた以下のアルゴリズムを考える．

1	T の根を S にプッシュする．
2	S が空でないなら以下 3～6 を繰り返す．
3	S からポップしたデータを a と呼ぶ．
4	a の値と「,」を出力する．
5	a に右の子があれば，その節点を S にプッシュする．
6	a に左の子があれば，その節点を S にプッシュする．

   このアルゴリズムを例題 11.1 と同じ 2 分木に適用した場合のスタック S の変化を順に示せ．それを基に出力結果も示せ．また，2 分木内に出力の順番を示す点線の矢印も描け．

11.5　11 章のまとめ

データ構造が変わるとアルゴリズムがどのように変わるのか，説明できるようになった．

1. 挿入も削除も列の同じ側からするデータ構造のことをスタックという．
2. 挿入と削除を列の異なる側からするデータ構造のことをキューという．
3. ある探索アルゴリズムの中で，スタックを用いると深さ優先探索を実現でき，キューを用いると幅優先探索を実現できる．

11.6 Python 演習

11.6.1 両端キュー

本節ではまず，collections という既存のモジュール内で定義されている deque というデータ構造を紹介する．deque が実装しているのは**両端キュー (double-ended queue)** というデータ構造で，これはスタックやキューと同様に必要に応じて伸縮可能なデータの列だが，挿入と同じ側からも異なる側からも削除ができるデータ構造である．始めに式 deque() で空の両端キューを生成できる．両端キューをそのまま評価させると，リスト表現を deque() で囲んだ表記が出力される．

```
>>> from collections import deque
>>> D = deque()
>>> D
deque([])
```

右端からの挿入は関数 append，右端からの削除は関数 pop，左端からの削除は関数 popleft で，それぞれ操作できる．

```
>>> D.append('A')
>>> D.append('B')
>>> D.append('C')
>>> D
deque(['A', 'B', 'C'])
>>> D.pop()
'C'
>>> D
deque(['A', 'B'])
>>> D.popleft()
'A'
>>> D
deque(['B'])
```

11.6.2 深さ優先探索と幅優先探索の Python プログラム

2分木を例題 11.1 のアルゴリズムで探索する Python プログラムをソースコード 11.1 に示す．2分木は前章と同じように長さ3か0のタプルの入れ子構造によって表す．

関数 depth_first_search と関数 breadth_first_search は，いずれも2分木 T を引数に受け取って，前者は深さ優先探索で，後者は幅優先探

128　第 11 章　データ構造に依存したアルゴリズム

ソースコード 11.1　bt.py

```
 1  from collections import deque
 2
 3  def depth_first_search(T):
 4      D = deque()
 5      if len(T) > 0:
 6          D.append(T)#;show(D)
 7      while len(D) > 0:
 8          L, a, R = D.pop()
 9          print(a,end=',')#;show(D)
10          if len(L) > 0:
11              D.append(L)#;show(D)
12          if len(R) > 0:
13              D.append(R)#;show(D)
14      print()
15
16  def breadth_first_search(T):
17      D = deque()
18      if len(T) > 0:
19          D.append(T)#;show(D)
20      while len(D) > 0:
21          L, a, R = D.popleft()
22          print(a,end=',')#;show(D)
23          if len(L) > 0:
24              D.append(L)#;show(D)
25          if len(R) > 0:
26              D.append(R)#;show(D)
27      print()
28
29  def show(D):
30      print('[',end='')
31      for (L, a, R) in D:
32          print(a, end='<-')
33      print(']')
```

索で，節を探索しつつ値を出力していくプログラムである．それぞれ例題
11.1 と例題 11.2 と同じ結果が得られる．

```
>>> from bt import *
>>> X = (((((),111,()),11,((),112,())),1,(((),121,()),12,
((),122,())))
>>> depth_first_search(X)
1,12,122,121,11,112,111,
>>> breadth_first_search(X)
1,11,12,111,112,121,122,
```

プログラム内の各所に書かれている#を削除すると，後述の関数 show を

利用して途中のスタックやキューの様子を出力させるプログラムに変更できる.

1行目では, 既存のモジュール collections をインポートし, collections モジュール内で定義されている deque を3行目以降で利用できるようにしている.

3行目から14行目の関数 depth_first_search の定義では, 削除に pop を使うことによって deque をスタックの代わりにしている. その結果, 関数 depth_first_search は深さ優先探索を実現できている. 同様に, 16行目から27行目の関数 breadth_first_search の定義では, 削除に popleft を使うことによって deque をキューの代わりにし, 幅優先探索を実現している. 関数 depth_first_search の定義と関数 breadth_first_search の定義の違いは, 削除の関数の違い (pop と popleft) だけであることに注意しよう.

9行目と22行目の print 文は, end=',' という記述によって, 出力の最後を改行ではなくコンマに変更している. じつは, print 文には end などデフォルト値が指定されている引数がいくつかあり, そのため値を指定すればデフォルト値以外を使って実行させることもできるようになっている. それに加えて Python には, 仮引数の位置ではなく仮引数名そのものを使って値を指定することのできる**キーワード引数** (keyword argument) という仕組みがあり, 今回はそれを用いて仮引数 end の値を直接している.

```
>>> def f(x, y):
...     return x
...
>>> f(1,2)
1
>>> f(y=1,x=2)
2
>>> print(1,2,3)
1 2 3
>>> print(1,2,3,end=',')
1 2 3,>>>
```

29行目以降で定義される関数 show は, deque の中身を入口を右端にして見やすく出力する関数である. 実際には deque の中に入っているのは節そのものだが, 出力では子を除いてデータのみを矢印<-で繋いで出力する. プログラム内の#をすべて削除すれば, 例題11.1と例題11.2の正解例と同じようにスタックやキューが変化していることを, 出力で確かめることが

130   第 11 章　データ構造に依存したアルゴリズム

できる．コンマの左側に現れるのがプログラム本来の出力である探索結果
であり，右側に現れるのが途中のスタックやキューの状態である．

```
>>> depth_first_search(X)
[1<-]
1,[]
[11<-]
[11<-12<-]
12,[11<-]
[11<-121<-]
[11<-121<-122<-]
122,[11<-121<-]
121,[11<-]
11,[]
[111<-]
[111<-112<-]
112,[111<-]
111,[]
```

```
>>> breadth_first_search(X)
[1<-]
1,[]
[11<-]
[11<-12<-]
11,[12<-]
[12<-111<-]
[12<-111<-112<-]
12,[111<-112<-]
[111<-112<-121<-]
[111<-112<-121<-122<-]
111,[112<-121<-122<-]
112,[121<-122<-]
121,[122<-]
122,[]
```

11.7 練習問題正解例

練習問題 1 の正解例

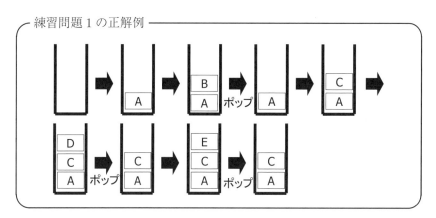

練習問題 2 の正解例

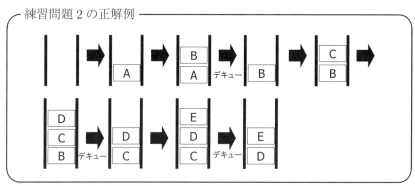

第11章 データ構造に依存したアルゴリズム

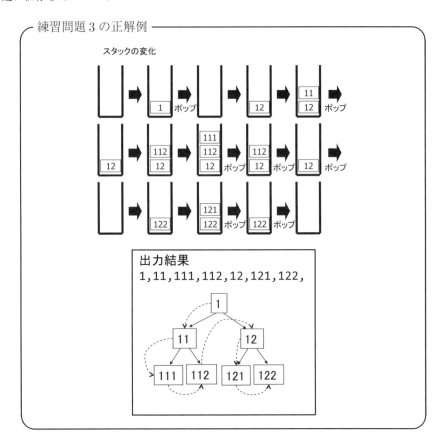

第 **12** 章

データ構造を応用した並べ替え

> **この章の目標**
> 最大値を速く発見するために適したデータ構造を学び，それを用いたソートのアルゴリズムを説明できるようになる．

キーワード ヒープ，ヒープソート，完全2分木，優先度付きキュー

10章と11章で，目的に応じてデータ構造を選択することの重要性を説明した．本章では，ソートを例に挙げ，ソートをするという目的に対してヒープと呼ばれるデータ構造が有効であることを説明する．

12.1 ヒープ

3章で説明した選択ソートは，最小値を先頭と交換する，という操作の繰返しで実現されていた．逆に，最大値を最後尾と交換する，という操作の繰返しでもソートは可能である．最大値を探す手間が一定で済むデータ構造として，ヒープがある．**ヒープ (heap)** とは，すべての節点の値がそれぞれの子の値以上である木のことを言う．

未整列の列をなんらかの方法でヒープに変形しておき，最大値の削除を繰り返せばソートができる．ヒープの根は必ず最大値なので，最大値を探す計算量は一定で済む．

▶[ヒープの位置付け]
　キューと同様に必要に応じて伸縮可能なデータの列だが，各データに何らかの優先度がつけられており，挿入の順とは関係なく優先度の高いデータからしか削除できないデータ構造のことを**優先度付きキュー (priority queue)** という．たとえば，複数の仕事を，依頼された順ではなく締め切りの早い順に取り掛かる場合は，締め切りを優先度と考えている優先度付きキューを使っていると言える．ヒープは優先度付きキューの例とも言える．

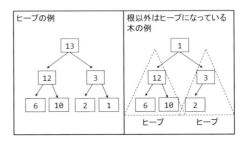

図 12.1　ヒープとそうでない木の例

ただし，手間が全くないわけではない．たとえば図 12.1 の左のヒープから最大値 13 を削除し，とりあえず木の形になるように，節点 1 を根に移動しておこう．すると図 12.1 の右の図のようになるが，これは根以外がヒープになっているが全体としてはヒープではない木である．一定の計算量での最大値の削除を繰り返すには，そのような木をヒープに修正してあげなければならない．そこで「節点の交換」と呼ばれる操作を行う．

「節点の交換」とは，根以外がヒープになっている木について，節点を子と交換する操作を必要なだけ繰り返す操作である（図 12.2）．まずはヒープになっていない原因である「根」を一つの子と交換する．交換後もヒープになっていなければ，さらにその子と交換する，ということを繰り返す．元々の「根」が，自身より大きい値の子を持たない位置にまで移動していれば，全体としてヒープになったと言えるので，「節点の交換」を終了する．子が複数ある節点は，最大の子と交換しなければならないことに注意しよう（そうしなければヒープではなくなってしまう）．

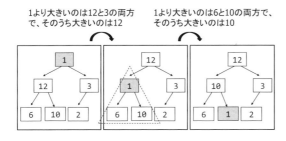

図 12.2 節点の交換の流れ

12.2 ヒープソート

前節で導入したヒープを利用してソートを行う**ヒープソート (heap sort)** というアルゴリズムを説明する.

2分木の一種で, 最も下のレベル以外は節点が埋まっており, 最も下のレベル内では, 左端から節点が埋まっている (ただし右端までではなく途中まででもよい) もののことを**完全2分木 (complete binary tree)** と言う. 完全2分木は列と一対一に対応する. 列の要素を使って完全2分木の根のレベルから順に埋めていけばよいからである. 逆に完全2分木が与えられたら, 左から右への順の幅優先探索で探索した順に節点を並べれば列を得ることもできる (図 12.3). 本節で考えるヒープとは, すべて完全2分木にもなっているヒープだけとする.

▶[完全2分木]
この完全2分木を広義の完全2分木と呼び, 最も下のレベル内が右端まで節点が埋まっているものを狭義の完全2分木と呼ぶこともある.

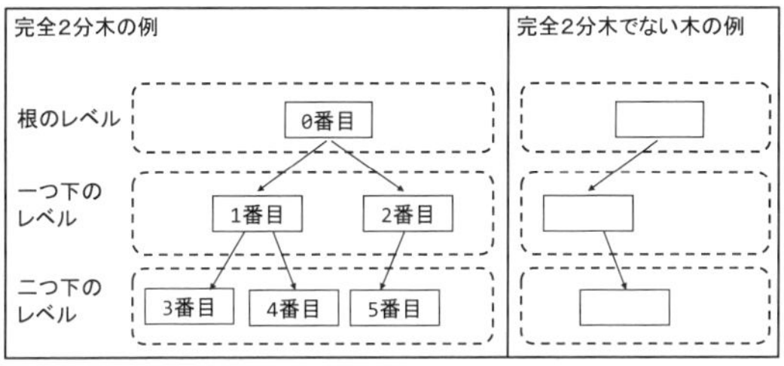

図 12.3 完全2分木とそうでない木の例

例題 12.1

列 [4,12,14,8,6,10] が表す完全2分木を図示せよ. また, その完全2分木に対して節点の交換を行なった過程と結果を, 図で示せ.

─ 例題 12.1 の正解例 ─

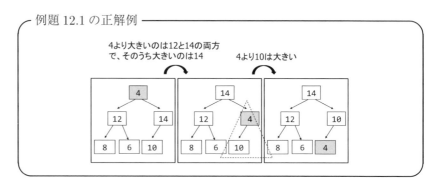

次に，ヒープソートの流れを図 12.4 に示す．未整列の部分から最大値を発見して後半のソート済み部分（着色部）の直前の要素と交換する，という手順を繰り返す．最大値を得るには，未整列の部分をあらかじめヒープ（正確には，ヒープを表す列）に変形しておき，その根を削除すればよい．これにより最大値はすぐに見つかるが，かわりに最初に与えられた任意の列をヒープにする手順「ヒープの構築」が必要となる．また，根を他の要素と交換すると「根以外がヒープになっている完全2分木」が得られるので，これをヒープに修正するために前節で述べた「節点の交換」を行う．

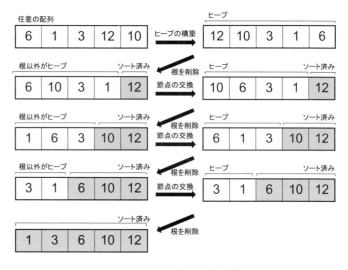

図 **12.4** ヒープソートの流れ

　木（を表す列）Aに対する「ヒープの構築」の手順は，Aの根に子がなければ何もせず終了し，子があればAの子から始まる部分木（二つあれば二つとも）に対して「ヒープの構築」をまず行い，その後にAの「節点の交換」を行う，というものである．これは「ヒープの構築」の再帰的な定義になっており，結果的に下位のレベルの部分木から順に，節点の交換でヒープ化していくことを意味する．

例題 12.2

列 [6,1,3,12,10] の表す完全2分木に対し「ヒープの構築」を行なった過程を図に示せ.

例題 12.2 の正解例

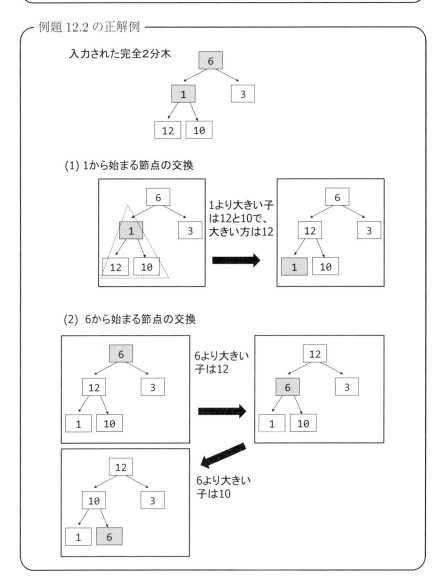

本章では，ソートを「最大値の発見」の繰返しとみなし，それに適したデータ構造として順序に条件のある2分木を利用した．順序に関する条件のある2分木としては，これまで2分探索木とヒープを紹介した．2分探索木は左右の順序に条件があるために特定値の探索が速い．一方，ヒープは上下の順序に条件があり，最大値の探索が速いために，ソートに適したデータ構造であったと言える．

12.3 練習問題

1. 列 [5,7,2,8,3] に対しヒープソートを行うとして，以下の問いに答えよ．

① 与えられた列を完全 2 分木として図示せよ．
② ①の結果に対し「ヒープの構築」を行なった過程を図で示せ．
③ ②の結果に対し「根の削除」と「節点の交換」を順に行なった結果を図で示せ．
④ ③の結果に対し「根の削除」と「節点の交換」を順に行なった結果を図で示せ．
⑤ ④の結果に対し「根の削除」と「節点の交換」を順に行なった結果を図で示せ．
⑥ ⑤の結果に対し「根の削除」を行なった結果を図で示せ．
⑦ ここまでの列の変化を図で示せ．

12.4 12 章のまとめ

ソートのために最大値を早く発見するのに適したデータ構造としてヒープを学び，ヒープを用いたヒープソートというアルゴリズムを説明できるようになった．

1. 最大値を早く発見できる木として，各節点の値がその子以上になっているヒープという概念を学んだ．
2. ヒープソートは，与えられた列の表す木に対し，「ヒープの構築」「根の削除」「節点の交換」を組み合わせてソートをするアルゴリズムであることがわかった．

12.5 Python 演習

ヒープソートのアルゴリズムを実装した Python プログラムをソースコード 12.1 に示す．関数 sort は，引数のリスト A をヒープソートでソートする関数である．

ソースコード **12.1** heap_sort.py

```
1  def sort(A):
2      construct_heap(A, 0);print(A)
3      for last in range(len(A) − 1, 0, −1):
4          A[0], A[last] = A[last], A[0];print(A)
5          exchange_nodes(A, 0, last − 1);print(A)
6
7  def left(n):
8      return 2 * n + 1
9
10 def right(n):
11     return 2 * n + 2
12
13 def exchange_nodes(A, n, last):
14     if last < left(n):
15         return
16     child = left(n)
17     if right(n) <= last:
18         if A[left(n)] < A[right(n)]:
19             child = right(n)
20     if A[n] < A[child]:
21         A[n], A[child] = A[child], A[n]
22         exchange_nodes(A, child, last)
23
24 def construct_heap(A, n):
25     last = len(A) − 1
26     if last < left(n):
27         return
28     construct_heap(A, left(n))
29     if right(n) <= last:
30         construct_heap(A, right(n))
31     exchange_nodes(A, n, last)
```

プログラムの 2,4,5 行目の末尾には，途中経過の確認用の `print` 文が追記されている．これを利用して，図 12.4 と同じ過程を出力させることができる．

140   第 12 章　データ構造を応用した並べ替え

```
>>> from heap_sort import *
>>> A=[6,1,3,12,10]
>>> sort(A)
[12, 10, 3, 1, 6]
[6, 10, 3, 1, 12]
[10, 6, 3, 1, 12]
[1, 6, 3, 10, 12]
[6, 1, 3, 10, 12]
[3, 1, 6, 10, 12]
[3, 1, 6, 10, 12]
[1, 3, 6, 10, 12]
[1, 3, 6, 10, 12]
>>> A
[1, 3, 6, 10, 12]
```

　プログラムの 2 行目から 5 行目では，図 12.4 の流れをそのまま記述している．まず，2 行目に現れる関数 construct_heap は 24 行目以降で定義されており，式 construct_heap(A, 0) は，「リスト A で表される完全 2 分木に対して「ヒープの構築」を行う」という意味になるように意図されている．

　3,4,5 行目では，リストの先頭から last 番目までで表されるヒープに対する「根の削除」と「節点の交換」を繰り返しており，その際，last を最後尾（len(A)-1 番目）から先頭の次（1 番目）まで減らしながら繰り返している．これは図 12.4 におけるヒープの範囲の変化と一致している．4 行目の交換は「根の削除」を表している．5 行目に現れる関数 exchange_nodes は 13 行目以降によって定義されており，式 exchange_nodes(A, 0, last-1) は，「リスト A の先頭から last-1 番目までで表される完全 2 分木に対して 0 番目の節点から節点の交換を行う」という意味になるように意図されている．したがって，削除されていない残りの完全 2 分木についての「節点の交換」を意味している．

　プログラムの 7 行目から 11 行目で定義されている関数 left と right はそれぞれ，左の子と右の子の位置をリスト上で求める関数である．実は，完全 2 分木を表すリストにおいては，n 番目の要素の左の子の位置は $2n+1$，右の子の位置は $2n+2$ で求めることができる．位置の関係を図 12.5 に示す．

　13 行目以降の記述により，式 exchange_nodes(A, n, last) は「リスト A の先頭から last 番目までで表される完全 2 分木に対して n 番目の節

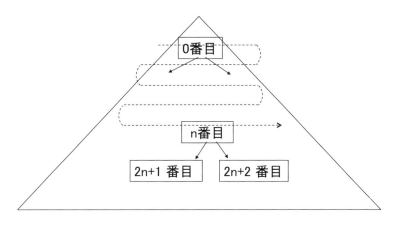

図 **12.5** 子の位置

点から節点の交換を行う」という意味になる.

last 番目の要素までで完全 2 分木を表すため，条件 last < left(n) は，その完全 2 分木に n 番目の節点の左の子がないということを意味し，条件 right(n) <= last は，n 番目の節点には左の子も右の子もあるということを意味する.

16 行目から 19 行目までで，変数 child には「A の n 番目の節点の子のうち大きい方の位置」が代入される. 20 行目から 22 行目までで，A の n 番目の値より child 番目の値が大きい場合は，その二つを交換し，A の child 番目から節点の交換を続けることが，再帰的に記述されている. これは図 12.2 の流れと一致している.

実際，21 行目の末尾に「;print(A)」と追記すると，図 12.2 や例題 12.1 と同じ結果を得ることを以下のように確認できる.

```
>>> A=[1,12,3,6,10,2]
>>> exchange_nodes(A,0,5)
[12, 1, 3, 6, 10, 2]
[12, 10, 3, 6, 1, 2]
>>> A=[4,12,14,8,6,10]
>>> exchange_nodes(A,0,5)
[14, 12, 4, 8, 6, 10]
[14, 12, 10, 8, 6, 4]
```

24 行目以降の記述により，式 construct_heap(A, n) は「リスト A で表される完全 2 分木に対して n 番目の節点から「ヒープの構築」を行う」という意味になる.

26, 27 行目により，n 番目の節点に左の子がない（したがって，子がまっ

たくない) 場合は終了する．子がある場合は，28 行目により左の子から始まる部分木について「ヒープの構築」をまず行う．右の子もある場合は，29,30 行目により，右の子から始まる部分木についても「ヒープの構築」を行う．これにより n 番目の節点から始まる部分木は，n 番目の節点以外がヒープになるので，後は「節点の交換」を行ってヒープを完成させている（図 12.6）.

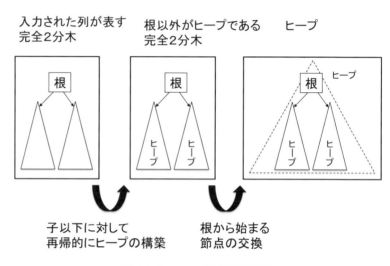

図 **12.6** ヒープの構築の流れ

実際，21 行目の末尾に「;print(A)」と追記し，31 行目の先頭に「print(A);」と追記することにより，例題 12.2 と同じ結果を得ることを以下のように確認できる．

```
>>> A=[6,1,3,12,10]
>>> construct_heap(A,0)
[6, 1, 3, 12, 10]
[6, 12, 3, 1, 10]
[6, 12, 3, 1, 10]
[12, 6, 3, 1, 10]
[12, 10, 3, 1, 6]
```

12.6 練習問題正解例

練習問題1の正解例

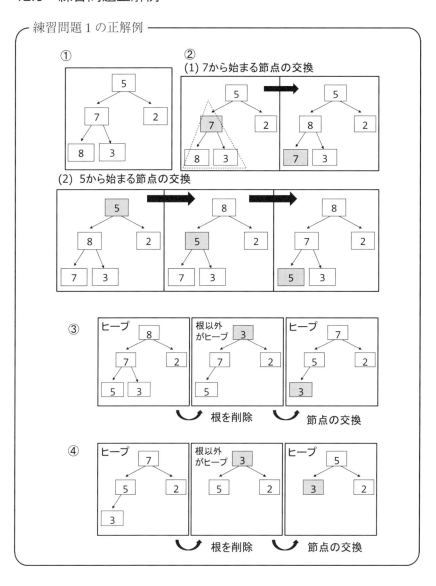

練習問題1の正解例の続き

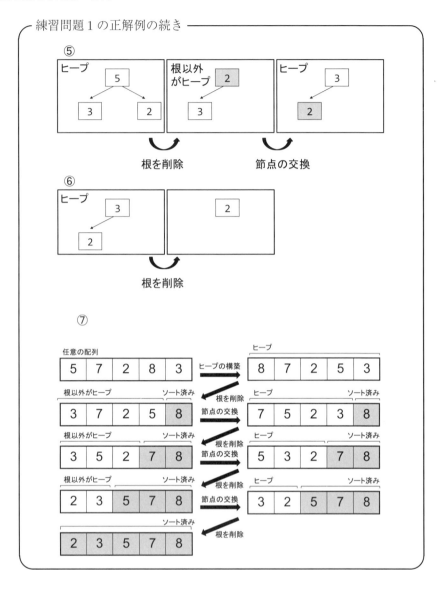

第 13 章

データ構造の変更に応じた改良

この章の目標
扱うデータ構造が変わった場合に，それに合わせてアルゴリズムをどのように変更すれば目的を達成できるかを，例を用いて説明できるようになる．

キーワード 貪欲法，最良優先探索，最短路問題，ダイクストラ法

本章では，扱うデータ構造が変わった場合に，アルゴリズムはそれに合わせてどのように変更すれば目的を達成できるかという例を示す．

13.1 ダイクストラ法

10章では，データの集まりに加えてデータ間に向きのついた矢印も考えることのできるデータ構造を有向グラフと呼んだ．一方，データ間に向きのついていない矢印（両向きの矢印と考えてもよい）も考えることのできるデータ構造を**無向グラフ** (undirected graph) と呼ぶ．データを頂点 (vertex) と呼び，向きのついていない矢印を辺 (edge) などと呼ぶところは有向グラフと変わらない．有向グラフと無向グラフを併せて**グラフ** (graph) と呼ぶ．

グラフにおいて，ある頂点からある頂点への隣接した辺の連なりを**道** (path) と呼び，その中に含まれる辺の数を道の**長さ** (length) と呼ぶ．

ある頂点からある頂点への道で，最も長さの小さいものを最短路と呼び，それを求める問題を**最短路問題** (shortest path problem) と呼ぶ．たとえば図 13.1 の左側の無向グラフにおいては，頂点 A から頂点 E までの最短路の長さは 2 である．

最短路問題をプログラムによって解くには，基本的には幅優先探索を用いればよい．幅優先探索は，最初に探索の開始点を通り，次に開始点からの最短路が長さ 1 である頂点をすべて通る．それ以降も同様に最短路が短い頂点から順に通っていく．したがって，頂点 E までの最短路を求めるには，E が現れるまで幅優先探索をすればよい．

▶[道]
この道の定義を満たすものを歩道 (walk) と呼び，その中に現れる頂点や辺に重複がない場合のみ道と呼ぶ場合もある．

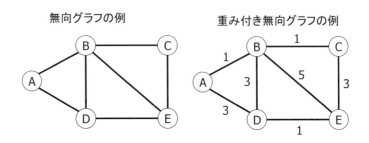

図 **13.1** 無向グラフと重み付き無向グラフの例

しかし実際の応用例では，辺に何らかの情報を追加したい状況が数多く存在する．たとえば頂点で駅を表して辺に駅間の距離を付加した上で，最短経路を求めたい場合などがそれに当たる．そこで辺に付加した情報を**重み** (weight) と呼び，図 13.1 の右側の図のように，辺に重みの付加された無向グラフを**重み付き無向グラフ** (weighted undirected graph) と呼んで，重みを考慮した上で最短路問題を解く場合がある．この場合の最短路の長さ

とは，その中に含まれる辺の数ではなく，含まれる辺の重みの和である．

　重みのない無向グラフの最短路問題を解くには幅優先探索で十分であったが，重み付き無向グラフの場合は重みを考慮する必要がある．そこで用いる探索方法を最良優先探索に変更する．**最良優先探索** (best-first search) とは，探索済みの頂点に隣接している頂点の集合の中から，なんらかの優先度が最も高い頂点から順に探索する方法である．優先度として，開始の頂点からの最短路の長さの候補値（小さい方が優先度が高い）を用いて重み付き無向グラフの最短路問題を解くアルゴリズムが，**ダイクストラ法** (Dijkstra's algorithm) として知られている．このアルゴリズムを図 13.2 に示す．

```
1    重み付き無向グラフ G と頂点 start について以下を行う．
2        start に仮の長さ 0 を付加する．
3        仮の長さが付加されている頂点がある限り，以下を繰り返す．
4            仮の長さ m が最小の頂点 x を 1 つ選び，m を確定値とする．
5            G で xy 間に辺が存在する頂点 y のすべてについて以下を行う．
6                y に仮の長さが付加されているなら，
7                    「y の仮の長さ」 ＞ 「m ＋辺 xy の重み」ならば，
8                        y の仮の長さを「m ＋辺 xy の重み」で上書き．
9                y に仮の長さも確定値も付加されていないなら，
10                   y に仮の長さ「m ＋辺 xy の重み」を付加する．
```

図 13.2　ダイクストラ法のアルゴリズム

　ダイクストラ法では，各頂点に，開始点から到達する新しい経路が見つかる度に，最短路の長さの仮の値を計算して更新していく．その仮の値が他のどの頂点よりも小さい頂点 x については，仮の値を本当の最短路の長さとして確定してよい．なぜなら最短路の途中に訪れる各頂点の最短路は先に確定しているはずということが数学的に証明できるからである．

▶[ダイクストラ法の注意点]
　二つある．一つ目は，辺の重みは正の数でなければならないということである．二つ目は，正確にいえばこの方法で求まるのは最短路の「長さ」のみであり，最短路の経路自体は求まらないということである．

- 例題 13.1 -

　図 13.1 の右側の重み付き無向グラフについて，A を開始の頂点としてダイクストラ法を適用する．アルゴリズムの 4 行目から 10 行目を実行し終えるたびに，頂点と最短路の長さ（仮または確定値）の組を図示せよ．最後に，開始の頂点から各頂点までの確定した最短路の長さを求めよ．

例題 13.1 の正解例

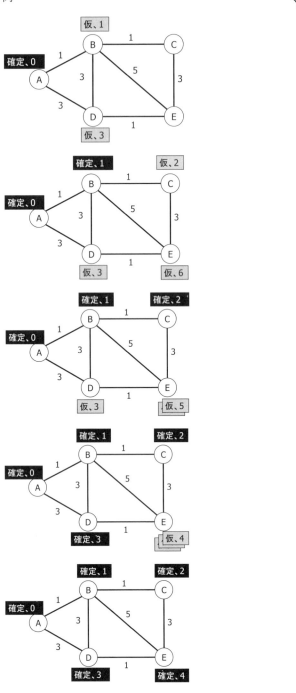

Aからの最短路の長さは，Aが0, Bが1, Cが2, Dが3, Eが4である．

13.2 貪欲法

ダイクストラ法はグラフの最良優先探索の例であるが，貪欲法と呼ばれるアルゴリズムの大まかな設計法の例でもある．**貪欲法** (greedy algorithm) とは，最適化問題を解くアルゴリズムの設計法の一つで，「問題を段階に分け，各段階における最適解を選択することを繰り返す」という方法である．貪欲法で最適解が求まるかどうかは問題の種類による．

この節では，貪欲法に基づいて硬貨支払問題という問題を解くことを試みる．この問題は，支払いに使える硬貨の単位が決められていて，できるだけ少ない枚数の硬貨で決められた総額をちょうど支払うにはそれぞれの硬貨を何枚ずつ使って支払えばよいか，ということを求める問題である．ただし硬貨は十分な枚数を持っているとする．貪欲法に基づいて硬貨支払問題を解こうとすると，図 13.3 のような解き方が得られる．b 円硬貨の枚数を選択する各段階で，その段階での残高 a を基に最適な枚数 p を選択することを繰り返す．たとえば硬貨の単位が 100 円，50 円，10 円の場合，総額 290 円を支払うためにこの解き方を適用すると，100 円硬貨を選ぶ段階では残高が 290 円なので 2 枚選択し，次に 50 円硬貨を選ぶ段階では残高が 90 円なので 1 枚選択し，最後に 10 円硬貨を選ぶ段階では残高が 40 円なので 4 枚選択することになる．これは実際に最適解になっている．しかし硬貨の単位によっては，貪欲法では最適解が求まらないことがある．

▶[ダイクストラ法の場合]
　前節で紹介したダイクストラ法は，最短路の仮の長さが決まった各段階において，仮の長さが最小のものを選択することを繰り返しているが，実はこれで最短路の本当の長さを求めることができており，全体としての最適解を得ることができている．

```
1    a に支払い総額を代入する．
2    高価な順に，b 円硬貨のそれぞれについて以下を行う．
3        a を b で割った商を p，剰余を q とおく．
4        「b 円硬貨 p 枚」と出力する．
5        a に q を代入する．
```

図 **13.3** 貪欲法による硬貨支払問題の解き方

─ 例題 13.2 ─

硬貨の単位が 100 円，90 円，10 円の場合，できるだけ少ない枚数の硬貨で総額 180 円を支払う硬貨支払問題を貪欲法で解いた場合の解を答えよ．また，それが最適解かどうかも答えよ．

─ 例題 13.2 の正解例 ─

貪欲法の答えは 100 円硬貨 1 枚と 10 円硬貨 8 枚の計 9 枚である．これは最適解ではなく，最適解は 90 円硬貨 2 枚である．

13.3 練習問題

1. 下の重み付き無向グラフについて，A を開始の頂点としてダイクストラ法を適用する．アルゴリズムの 4 行目から 10 行目を実行し終えるたびに，頂点と最短路の長さ（仮または確定値）の組を図示せよ．最後に，開始の頂点から各頂点までの確定した最短路の長さを求めよ．

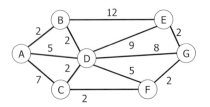

2. 以下のそれぞれの場合の硬貨支払問題について，どんな支払い総額に対しても貪欲法で必ず最適解が求まるかどうか，答えよ．必ずしも求まらない場合は，どんな支払い総額の場合に求まらないか，例も与えよ．

   (a) 硬貨の単位が 80 円，40 円，20 円，10 円の場合
   (b) 硬貨の単位が 110 円，50 円，10 円の場合
   (c) 硬貨の単位が 100 円，60 円，10 円の場合

13.4 13 章のまとめ

1. データ構造が変わった場合に，アルゴリズムをどのように変更すれば目的を達成できるかを，例を用いて説明できるようになった．
2. たとえば，重みのない無向グラフの最短路問題を解くには幅優先探索で十分であったが，重み付き無向グラフの場合は探索方法を最良優先探索に変更する必要があることがわかった．

13.5 Python 演習

本節では，重み付き無向グラフに対するダイクストラ法の Python プログラムを示す．まずは準備として，重み付き無向グラフを Python で表現するために必要なデータ構造を紹介する．

13.5.1 辞書による重み付き無向グラフの表現

辞書 (dictionary) は，キーに値を対応させる「対応」の情報を追加，参照，更新，削除できるデータ構造である．同じキーには同時に一つの値しか対応させることはできない．辞書は「キー:値」という組の列挙として表現される．辞書 D におけるキー k の値は式 D[k] で参照できる．

```
>>> D={1:' 金',2:' 銀',3:' 銅'}
>>> D[2]
' 銀'
```

式「D[k]=値」で辞書 D におけるキー k の値の追加や更新ができ，式「del D[k]」で削除ができる．あるキーに対応があるかどうかはキーワード in や not in で判定することができる．空の辞書は{}で表される．

```
>>> D={}
>>> D[1]=' 金'
>>> D[1]='Gold'
>>> D
{1: 'Gold'}
>>> 2 in D
False
>>> 2 not in D
True
>>> del D[1]
>>> D
{}
```

重み付き無向グラフの辺と重みの対応を表現するには，キーが頂点の組で，値が重みであるような，辞書を定義すればよい．図 13.1 の右側の図を表現した辞書を以下に示す．

```
>>> G={('A','B'):1,('A','D'):3,
...     ('B','C'):1,('B','D'):3,('B','E'):5,
...     ('C','E'):3,
...     ('D','E'):1}
```

ここで，上記のような辞書による重み付き無向グラフの表現は，数学的な重み付き無向グラフの定義とは二つの点で異なっており，注意が必要ということを断っておく．

一点目は，数学的にはグラフとは頂点集合 V と辺の情報 E の組 (V, E) なのだが，今回は表現を簡単にするため頂点集合 V を省略した点である．そのため，今回の表現では辺に隣接していない頂点を表現できない問題がある．しかし最短路問題を考える上では辺に隣接していない頂点は無視できるので問題ないと判断した．

二点目は，今回はキーが頂点の組なので，('A','B') と ('B','A') は区別され，一つの辞書に共存することも Python 上は許されていることである．このような共存は重み付き無向グラフを表現するという目的では好ましくない．

```
>>> G={('A','B'):1,('B','A'):2}
>>> G[('A','B')]
1
>>> G[('B','A')]
2
```

そこで本章では，重み付き無向グラフを表現する辞書のキーには大小関係 x<y を満たす組 (x,y) しか登録しないことにしている．

```
>>> 'A' < 'B'
True
>>> 'B' < 'A'
False
```

数学的には，無向グラフの辺とは頂点の 2 点集合と定義されており，{'A','B'}={'B','A'} が成り立つので上記のような共存は生じない．しかし Python では集合を辞書のキーにすることは文法上できないため，今回は組で代用した．

13.5.2 ダイクストラ法の Python プログラム

ダイクストラ法を実装した Python プログラムをソースコード 13.1 に示

す．関数 shortest_length は，重み付き無向グラフを表す辞書 G と開始点 start を受け取り，最終的に開始点から各頂点への最短路の長さを出力する関数である．

ソースコード 13.1　dijkstra.py

```
1  def shortest_length(G, start):
2      S={start:0}; D={}
3      while len(S) > 0:
4          x = select_min(S); m = S[x]; del S[x]; D[x] = m
5          for (y, w) in edge(G, x):
6              if y in S:
7                  if S[y] > m + w:
8                      S[y] = m + w
9              elif y not in D:
10                 S[y] = m + w
11         print('仮', S, '確定', D)
12
13 def select_min(S):
14     m = -1
15     for a in S:
16         if m == -1 or m > S[a]:
17             x = a
18             m = S[a]
19     return x
20
21 def edge(G, x):
22     return ([(b, G[(a, b)]) for (a, b) in G if a == x]
23             + [(a, G[(a, b)]) for (a, b) in G if b == x])
```

プログラムの 1 行目から 10 行目は，図 13.2 のアルゴリズムと各行で対応している．頂点ごとの最短路の仮の長さを辞書 S に，確定値を辞書 D に，それぞれ格納する．

プログラムの 11 行目には，途中で S と D の内容を出力するための print 文が記されている．これを利用して，例題 13.1 の正解例と同じ過程を出力させることができる．

154　第13章　データ構造の変更に応じた改良

```
>>> from dijkstra import *
>>> G={('A','B'):1,('A','D'):3,
...     ('B','C'):1,('B','D'):3,('B','E'):5,
...     ('C','E'):3,
...     ('D','E'):1}
>>> shortest_length(G, 'A')
仮 {'D': 3, 'B': 1} 確定 {'A': 0}
仮 {'E': 6, 'D': 3, 'C': 2} 確定 {'B': 1, 'A': 0}
仮 {'E': 5, 'D': 3} 確定 {'B': 1, 'A': 0, 'C': 2}
仮 {'E': 4} 確定 {'D': 3, 'B': 1, 'A': 0, 'C': 2}
仮 {} 確定 {'D': 3, 'E': 4, 'B': 1, 'A': 0, 'C': 2}
```

開始点から到達できない頂点については，以下のように何も出力されない．

```
>>> G={('A','B'):1,('C','D'):2}
>>> shortest_length(G,'A')
仮 {'B': 1} 確定 {'A': 0}
仮 {} 確定 {'B': 1, 'A': 0}
```

関数 select_min は，13 行目から 19 行目で定義されており，辞書 S を受け取り，S 内の値が最小であるようなキーを返す関数である．

```
>>> select_min({'a':2,'b':1,'c':3})
'b'
```

関数 edge は，21 行目から 23 行目で定義されており，重み付き無向グラフを表す辞書 G と頂点 x を受け取り，G に x と y の間の重み w の辺が存在するような y と w のタプルのリストを返す関数である．

返すリストはリスト内包によって表現されており，辞書はイテラブルなオブジェクトなので for 文が使える．内部で if を用いているが，これは if 以降の条件を満たす要素のみを考慮することのできる文法である．これにより，G に含まれている組が (x,y) でも (y,x) でもよいように，それぞれの場合の結果を結合して返している．

```
>>> edge({('A','B'):2,('C','A'):3},'A')
[('B', 2), ('C', 3)]
```

13.6 練習問題正解例

―練習問題1の正解例―

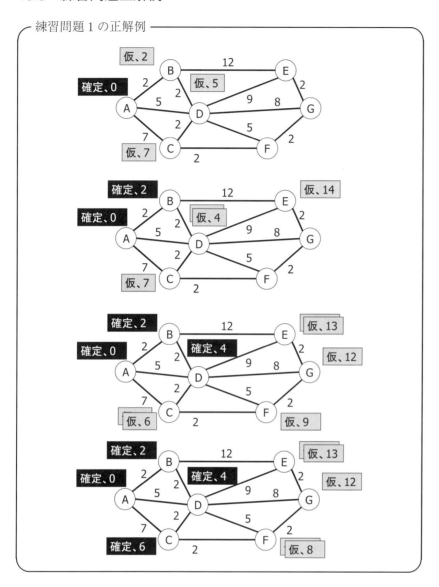

練習問題1の正解例の続き

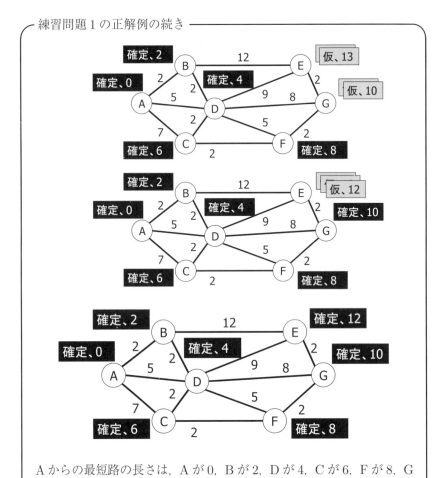

Aからの最短路の長さは，Aが0, Bが2, Dが4, Cが6, Fが8, Gが10, Eが12である．

練習問題2の正解例

1. 硬貨の単位が80円, 40円, 20円, 10円の場合，必ず求まる．
2. 硬貨の単位が110円, 50円, 10円の場合，必ずしも求まらない．例えば200円を支払う場合，貪欲法の解は6枚（110円, 50円, 10円×4）だが最適解は4枚（50円×4）．
3. 硬貨の単位が100円, 60円, 10円の場合，必ずしも求まらない．例えば120円を支払う場合，貪欲法の解は3枚（100円, 10円×2）だが最適解は2枚（60円×2）．

第 **14** 章

条件に応じた探索の改良

> **この章の目標**
> 二分探索など効率の良い探索ができないデータについても，データの条件によっては改良することで効率よく探索できることを，例を挙げて説明できるようになる．

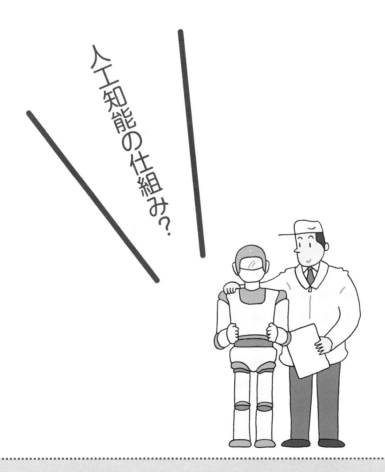

キーワード 力まかせ探索，ミニマックス法，枝刈り

158　第 14 章　条件に応じた探索の改良

　ソートされているデータから特定の値を探索する場合は，データを二分探索木に格納すれば効率よく探索できることをすでに述べた．また，最大値を探索する場合には，データをヒープに格納すれば最大値自体はすぐに発見できることも述べた．本章では，そのような特別なデータ構造には格納できない場合の探索法を説明し，それでも条件によっては効率の良い探索法を考えることができることを，例を挙げて示す．

14.1　力まかせ探索とミニマックス法

　なんらかの問題の解を探索するために，可能な選択肢を基本的に全通り列挙して探索する方法を，**力まかせ探索 (brute-force search)** という．たとえばゲームのプレイヤーの思考プログラムなどは，選んだ選択肢によって状態が変化し，それに応じて次の選択肢が複雑に変化することが多い．このような場合は，原則として力まかせ探索を試みるしかない．選択肢は分岐が連鎖していくため，木構造や合流する木構造で表されることが多い．合流する木構造は閉路の無い (acyclic) 有向グラフ (directed graph) ともいえるのでダグ（Directed Acyclic Graph の頭文字 DAG より）と呼ばれる．

　図 14.1 は三目並べの選択肢のなすダグの一部分である．このゲームは，縦 3 マス横 3 マスの合計 9 マスに，先手（○で表す）と後手（×で表す）が交互に印をつけ，先に縦か横か斜めの 1 列を印で埋めれば勝ちというゲームとする．すでに印のついたマスには印はつけられないため，選んだ選択肢によって次に可能な選択肢は複雑に変化していく．

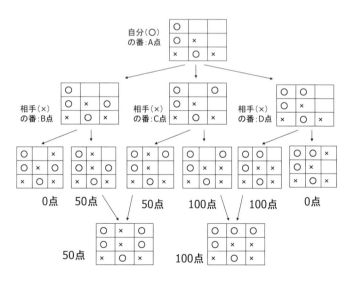

図 14.1　三目並べの選択肢のダグ（一部）

この三目並べのように自分と相手が交互に選択をするゲームにおいて，次に自分がとるべき選択肢を探索によって求めるには，ミニマックス法と呼ばれる探索法が有効である．**ミニマックス法 (minimax)** とは，最終盤面に自分の勝利度を表す評価値をつけ，そこから途中の盤面についても評価をしていくが，その際，相手の選択の場面では，選択後の評価の最小値をつけ，自分の選択の場面では，選択後の評価の最大値をつけるという方法である．

たとえば図 14.1 においては，最終的に先手が勝利した盤面を 100 点，引き分けを 50 点，負けを 0 点と評価している．下から二段目のレベルでは，すでに先手の負けが決定しているか，先手の選択肢が一つしか残っていないため，図に記されたような評価値がつく．下から三段目のレベルは，後手の選択の場面なので，B 点のところは 0 点と 50 点のうち小さい方の 0 点がつく．C 点のところは 50 点と 100 点のうち小さい方の 50 点がつき，D 点のところは 100 点と 0 点のうち小さい方の 0 点がつく．下から四段目のレベルは，先手の選択の場面なので，A 点のところは 0 点と 50 点と 0 点のうち最大の 50 点がつく．要するに A 点の盤面からは，先手がどんなに良い選択をしようとも，後手がミスを犯さない限り，引き分けに持ち込むことしかできない，ということが 50 点の評価で表されている．このような評価を積み重ねていけば，もっと序盤の盤面についても評価をすることができる．

以上の例で示したミニマックス法の流れを一般的に表した図が図 14.2 である．自分の番では評価が高い選択を自分が取るべきなので，子の評価値の最大値で評価し，相手の番では相手が取りそうなのは（先手にとっての）評価値が低い選択なので，子の評価値の最小値で評価する．これを繰り返す．

▶[ミニマックス法]
　最終盤面まで探索するのに時間がかかり過ぎるすぎる場合には，探索を一定の深さで打ち切り，打ち切った盤面に対してなんらかの基準で評価値をつける評価関数という関数を定めることが多い．

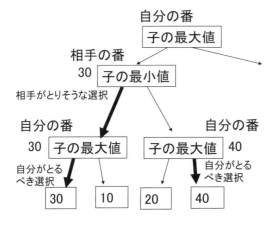

図 **14.2**　ミニマックス法の流れ

14.2 枝刈り

前節で示したミニマックス法は，探索を一部省略しても少なくとも根の評価値は求まる，という場合がある．このように条件に応じて一部の節点の参照を省略することを**枝刈り** (pruning) という．

▶[枝刈り]
一般的な探索問題においては枝刈りと呼称されるが，ミニマックス法における今回の枝刈りは特別に α-β 枝刈りと呼ばれることもある．

― 例題 14.1 ―――――――――――――

下の木に対して，左から右への深さ優先探索で根の評価値を求めよ．枝刈りできる節点には「略」印を記し，評価値が「○○以上」「○○以下」などの範囲でしか求まらない節点には範囲を記し，正確な評価値が求まる節点には正確な評価値を記せ．

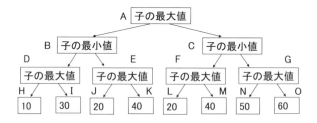

― 例題 14.1 の正解例 ―――――――――

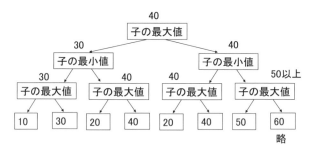

以下で解説する．左から右への深さ優先探索なので，まずは節点 H を参照し評価値 10 を得た．この時点でその親の節点 D の評価値は 10 以上であることが確定し，次の節点 I の評価値が 10 以上かどうかを参照して確かめる．節点 I の評価値は 30 であった．よって節点 D の評価値は 10 と 30 の最大値 30 で確定し，その親の節点 B は 30 以下であることが確定する（下図）．

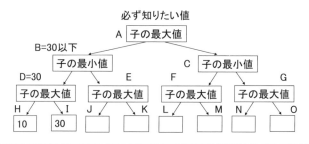

> **例題 14.1 の正解例の続き**
>
> 次に，節点 E の評価値が 30 以下かどうかを参照して確かめる．そのために節点 J を参照する．節点 J の評価値は 20 であった．節点 E の評価値は 20 以上であることが確定し，次の節点 K の評価値が 20 以上 30 以下かどうかを参照して確かめる．節点 K の評価値は 40 であった．よって節点 E の評価値は 20 と 40 の最大値 40 で確定し，その親の節点 B は 30，根の節点 A は 30 以上で確定する（下図）．
>
>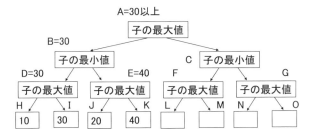
>
> 次に，節点 C の評価値が 30 以上かどうかを参照して確かめる．そのために節点 F, L, M を参照する．節点 L の評価値は 20，節点 M の評価値は 40 であった．この時点で節点 F の評価値は，20 と 40 の最大値 40 で確定し，節点 C の評価値は 40 以下であることが確定する．（下図）．
>
>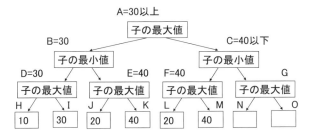
>
> 次に，節点 G の評価値が 30 以上 40 以下かどうかを参照して確かめる．そのために節点 N を参照する．節点 N の評価値は 50 であった．この時点で節点 G の評価値は，50 以上ということしかわからない．しかし，節点 C の評価値は 40 と「50 以上の値」の最小値なので 40 で確定する．同時に根 A の評価値が 30 と 40 の最大値 40 で確定する．最後の節点 O の参照は省略できた．

例題 14.1 の場合は，必ず知りたい値を「根の評価値」と設定したことにより，その値に無関係な値の探索を省略することができた．むやみに探索するのではなく，探索によって必ず知りたい情報は何なのかを明らかにしてから，必要な探索だけを行うことが重要である．

14.3 練習問題

1. 三目並べの選択肢のなすダグのうち，下図の盤面から始まる部分を図示せよ．また，最終的に先手が勝利した盤面を 100 点，引き分けを 50 点，負けを 0 点と評価し，各盤面をミニマックス法により評価せよ．ただし枝刈りは行わないこと．

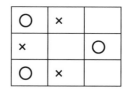

2. 下の木に対して，左から右への深さ優先探索で根の評価値を求めよ．枝刈りできる節点には「略」印を記し，評価値が「○○以上」「○○以下」などの範囲でしか求まらない節点には範囲を記し，正確な評価値が求まる節点には正確な評価値を記せ（ヒント：枝刈りできる節点は 4 つある）．

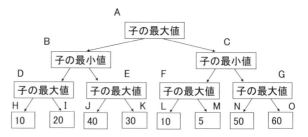

14.4 14 章のまとめ

二分探索など効率の良い探索ができないデータについても，データの条件によっては改良することで効率よく探索できることを，例を挙げて説明できるようになった．

1. 問題の解を探索するために，可能な選択肢を基本的に全通り列挙して探索する方法を，力まかせ探索と呼ぶ．
2. 自分と相手が交互に選択をするゲームにおいて，次に自分がとるべき選択肢を探索によって求めるには，ミニマックス法が有効である．
3. 条件に応じて一部の節点の参照を省略することを枝刈りと呼ぶ．
4. 知りたい値が何かということを明確にすることにより，枝刈りができる場合がある．
5. 知りたい情報を明らかにしてから，必要な探索だけを行うことが重要である．

14.5 Python 演習

14.5.1 ミニマックス法の Python プログラム

ミニマックス法を実装した Python プログラムをソースコード 14.1 に示す. このプログラムは単独では動作しない. 目的に応じて関数 leaf と関数 evaluation と関数 edge を定義する必要がある.

ソースコード **14.1** min_max.py

```
 1  def my_turn(n):
 2      if leaf(n):
 3          return evaluation(n)
 4      max = 0
 5      for next in edge(n):
 6          temp = your_turn(next)
 7          if temp > max:
 8              max = temp
 9      return max
10
11  def your_turn(n):
12      if leaf(n):
13          return evaluation(n)
14      min = 100
15      for next in edge(n):
16          temp = my_turn(next)
17          if temp < min:
18              min = temp
19      return min
```

関数 my_turn は探索を開始する節点 n を受け取り, その評価値を返す関数である. n が子を探索したりせずに直ちに評価できる節点かどうかの真偽値を, 関数 leaf が返す必要がある. True が返された n については, 関数 evaluation が評価値を返さなければならない. False が返された n については, 関数 edge が n の子のリストを返さなければならない. 関数 my_turn は, そのリスト内の子を関数 your_turn で評価し, 最大値を n の評価値として返す.

関数 your_turn は逆に, 受け取った節点に対して, その子の評価値の最小値を返す関数である. 関数 my_turn と関数 your_turn は互いに呼び出し合う関係である.

ソースコード 14.2 は, このミニマックス法を用いて三目並べの盤面の評価をするために, 関数 leaf, 関数 evaluation, 関数 edge, 加えて部品として必要となる関数 triple を用意したプログラムである. ソースコード 14.1 の先頭行に from three import *と追記すれば, ソースコード 14.1 でミニマックス法を用いた三目並べの盤面の評価ができるようになる.

164 第 14 章 条件に応じた探索の改良

ソースコード **14.2** three.py

```
 1  def leaf(n):
 2      return ((triple(n, 'O') and not triple(n, 'X'))
 3          or (not triple(n, 'O') and triple(n, 'X'))
 4          or ('_' not in n[0] + n[1] + n[2]))
 5
 6  def triple(n, p):
 7      for (a,b,c) in [(0,0,0), (1,1,1), (2,2,2), (0,1,2)]:
 8          if (n[a][0] == n[b][1] == n[c][2] == p or
 9              n[2][a] == n[1][b] == n[0][c] == p):
10              return True
11      return False
12
13  def evaluation(n):
14      if triple(n, 'O'):
15          return 100
16      if triple(n, 'X'):
17          return 0
18      return 50
19
20  def edge(n):
21      L = n[0] + n[1] + n[2]
22      Ns = []
23      player = 'O'
24      if L.count('O') > L.count('X'):
25          player = 'X'
26      for i in range(len(L)):
27          if L[i] == '_':
28              L2 = L[:]
29              L2[i] = player
30              Ns = Ns + [L2]
31      return [[[a, b, c], [d, e, f], [g, h, i]]
32              for (a, b, c, d, e, f, g, h, i) in Ns]
```

　ソースコード 14.2 では，各節点は三目並べの盤面を意味するので，O
（オー）と X（エックス）と'_'の二重リストで与えられる．関数 leaf は
盤面 n を受け取り，n でゲームが終了しているかどうかを判定する．その
中で用いている関数 triple は，盤面 n と印 p を受け取り，n の中で p が縦
か横か斜めに一列にそろっているかどうかを判定する．関数 evaluation
は，そろったのが O ならば 100 点，X ならば 0 点，引き分けならば 50 点
を返す．関数 edge は，盤面 n に対して取りうる手を全通り列挙し，次の
盤面のリストを返す．このプログラムで図 14.1 と同じ結果を得られること
が以下の出力例で確かめられる．

```
>>> from min_max import *
>>> n = [['O','_','_'],['O','X','_'],['X','O','X']]
>>> my_turn(n)
50
```

14.5.2 枝刈りの Python プログラム

ミニマックス法を枝刈りで修正した Python プログラムをソースコード 14.3 に示す．基本的な構造はソースコード 14.1 と同じだが，関数 my_turn と your_turn は，引数 n の評価値が alpha 以上 beta 以下でなければ，評価値を返す意味がないと判断して境界値（alpha または beta）を返す．すでに得られた評価値を基に，これから探索する節点の評価がどの範囲に入っていれば意味を持つかを計算して，alpha と beta を更新している．

ソースコード 14.3　pruning.py

```
 1  def my_turn(n, alpha, beta):
 2      print(n, '=␣?␣(', alpha, '-', beta, ')')
 3      if leaf(n):
 4          return evaluation(n)
 5      for next in edge(n):
 6          temp = your_turn(next, alpha, beta)
 7          if temp > alpha:
 8              alpha = temp
 9          if alpha >= beta:
10              return beta
11      return alpha
12
13  def your_turn(n, alpha, beta):
14      print(n, '=␣?␣(', alpha, '-', beta, ')')
15      if leaf(n):
16          return evaluation(n)
17      for next in edge(n):
18          temp = my_turn(next, alpha, beta)
19          if temp < beta:
20              beta = temp
21          if beta <= alpha:
22              return alpha
23      return beta
```

プログラムの 2 行目と 14 行目の print 文によって，探索中の alpha と beta の値を確認することができる．実際，例題 14.1 と同じ経過をたどり，最後の節点 O の参照を省略していることが以下の出力で確かめられる．

166   第 14 章 条件に応じた探索の改良

```
>>> from pruning import *
>>> my_turn('A', 0, 100)
A = ? ( 0 - 100 )
B = ? ( 0 - 100 )
D = ? ( 0 - 100 )
H = ? ( 0 - 100 )
I = ? ( 10 - 100 )
E = ? ( 0 - 30 )
J = ? ( 0 - 30 )
K = ? ( 20 - 30 )
C = ? ( 30 - 100 )
F = ? ( 30 - 100 )
L = ? ( 30 - 100 )
M = ? ( 30 - 100 )
G = ? ( 30 - 40 )
N = ? ( 30 - 40 )
40
```

ただし，必要な 3 つの関数を追記することが必要である．上記の出力の際
には，以下のように辞書を用いた定義をソースコード 14.3 に追記した．

```
Edge = {'A':['B','C'], 'B':['D','E'], 'C':['F','G'],
        'D':['H','I'], 'E':['J','K'], 'F':['L','M'],
        'G':['N','O']}
Leaf = {'H':10, 'I':30, 'J':20, 'K':40,
        'L':20, 'M':40, 'N':50, 'O':60}
def leaf(n):
    return (n in Leaf)
def evaluation(n):
    return Leaf[n]
def edge(n):
    return Edge[n]
```

14.6 練習問題正解例

練習問題1の正解例

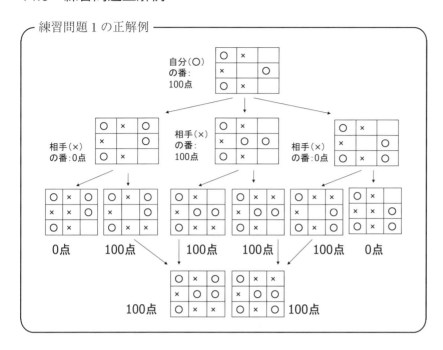

─ 練習問題 2 の正解例 ─

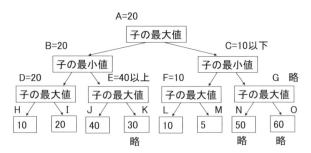

以下で解説する．

　左から右への深さ優先探索なので，まずは節点 H を参照し評価値 10 を得た．節点 I の評価値は 20 であった．この時点で節点 D の評価値は 20 で確定する．

　節点 J の評価値は 40 であった．この時点で節点 E の評価値は，40 以上になることがわかる．さらにその親の節点 B の評価値は 20 と「40 以上の値」の最小値なので 20 で確定する．したがって節点 K の参照は省略できた．

　次に節点 L を参照し評価値 10 を得た．節点 M の評価値は 5 であった．この時点で節点 F の評価値は 10 で確定する．さらにその親の節点 C の評価値は，10 以下の値になることしかわからないが，根の評価値は 20 と「10 以下の値」の最大値なので 20 で確定する．したがって節点 N,O の参照と，その親の節点 G の評価を省略できた．

第 15 章

目的別のアルゴリズムと データ構造

> **この章の目標**
> 問題ごとに適切なアルゴリズムとデータ構造を選択することの重要性を，例を挙げて説明できるようになる．

ザックに詰めるにも工夫が必要

キーワード 分割ナップザック問題，0-1ナップザック問題

本章では，本書の締めくくりとして，問題ごとに適切なアルゴリズムとデータ構造を選択して問題を解くことの重要性を具体的な例で確認する．

まず，次のような問題を考えよう．目の前に荷物 A,B,C,D があって，それぞれの全体価値と総重量が図 15.1 に示されているとおりとする．これらを 5 kg までしか運ぶことのできないナップザックにできるだけ全体価値の高くなるように詰めるには，どう詰めたらよいか，という問題である．

荷物	全体価値(円)	総重量(kg)
A	400	5
B	300	4
C	200	2
D	300	1

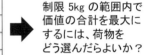

図 15.1　抽象的なナップザック問題の例

この問題に対する最も賢明な答えは，「荷物 A，B，C，D はそれ以上分割できないものですか？それとも，液体や粉末のように，いくらでも分割できるものですか？」と逆に聞き返すことである．なぜなら，それによって答えが変わってくるからである．

前者のように荷物が分割できない場合，この問題を **0-1 ナップザック問題** (0-1 knapsack problem) と呼ぶ．後者のように荷物が分割できる場合，本書では**分割ナップザック問題** (division knapsack problem) と呼ぶ．

▶[分割ナップザック問題]
さらに正確に言えば，分割ナップザック問題では，分割された荷物の価値は重量に比例するという前提が必要である．

15.1　分割ナップザック問題

分割ナップザック問題を解くには，各荷物の全体価値ではなく，重量あたりの価値を求めて，それが高い順に運べるだけ運ぶ，という戦略が良いだろう．その結果，仮にある荷物を途中まで詰めたところでナップザックが制限の 5 kg に達してしまったとしても，分割できるのだから問題ない．

この戦略は，荷物を重量あたりの価値の高い順に並べ替えたあとに，13 章で述べた貪欲法を用いれば，アルゴリズム化できる．図 15.1 の場合，重量あたりの価値は，荷物 A が $\frac{400}{5} = 80$，荷物 B が $\frac{300}{4} = 75$，荷物 C が $\frac{200}{2} = 100$，荷物 D が $\frac{300}{1} = 300$（単位はいずれも 円/kg），となり，この比の高い順に並べると，D，C，A，B となる．

続いて貪欲法を用いて運ぶ重量を決めていく．荷物 D については総重量の 1 kg を全部運んでもナップザックの制限がまだ 4 kg 残っている．次に荷物 C は総重量の 2 kg を全部運んでもナップザックの制限がまだ 2 kg 残る．次の荷物 A は，総重量の 5 kg を全部運ぶことはできないので，制限ちょうどの 2 kg 分を運ぶことにする．荷物 B は全く運ぶことができない．

この場合，ナップザック全体の価値は $300 + 200 + 80 \times 2 = 660$ 円となる．
これが最適解である．

15.2 0-1 ナップザック問題

　一方，0-1 ナップザック問題では，最後の荷物を分割して運ぶことはでき
なくなるので，貪欲法で最適解が得られる保証はない．

　ただし，逆に問題として単純になった面もある．各荷物について「運ぶ」
「運ばない」の二つずつしか選択肢がないので，力まかせ探索ですべての選
択肢を探索して，荷物が制限を超えない選択肢の中で，価値が最大のもの
を解とすればよいのである．図 15.1 の 0-1 ナップザック問題を力まかせ探
索で解くと，図 15.2 のように 16 通りを確認すれば「B と D を運ぶ」とい
う解が確実に得られる．0-1 ナップザック問題においては荷物を分割でき
ないので，以下では「全体価値」「総重量」ではなく「価値」「重量」と表
記する．

A	B	C	D	値	重量	
				0	0	
A				400	5	
	B			300	4	
A	B			700	9	5 kg オーバー
		C		200	2	
A		C		600	7	5 kg オーバー
	B	C		500	6	5 kg オーバー
A	B	C		900	11	5 kg オーバー
			D	300	1	
A			D	700	6	5 kg オーバー
	B		D	600	5	5 kg 以内で価値最大
A	B		D	1000	10	5 kg オーバー
		C	D	500	3	
A		C	D	900	8	5 kg オーバー
	B	C	D	800	7	5 kg オーバー
A	B	C	D	1200	12	5 kg オーバー

図 **15.2** ナップザック問題を解く力まかせ探索の例

　とは言え，荷物の個数が増えた場合にも上記の方法より計算量が少なく
て済むアルゴリズムはないだろうか．実は，荷物ごとの重量が整数で表さ
れている場合，動的計画法で効率よく解くことができる．行が荷物，列が
0 からナップザックの制限 n まで，に対応している表を用意する．荷物 A_i
の j 列目の要素に入れる値は，「仮に荷物が A_1 から A_i までしかなく，ナッ

プザックの制限が j だった場合の最適解（最大価値の値と，そのとき選択した荷物の集合）」である．これを図 15.3 のような順番で埋めていく．

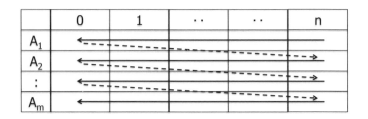

図 15.3 動的計画法で表を埋める順序

表の 1 行目は，一つ目の荷物を「選ぶ」か「選ばない」かの二つしか選択肢がない．図 15.4 のように，一つ目の荷物が A で，その価値が p，重量が w であった場合，制限が w 未満の列は荷物 A を選択できないので，価値 0 と空集合（ここでは {} と表記した）でマスを埋める．制限が w 以上の列は荷物 A を選択できるので，価値 p と集合 {A} でマスを埋める．

与えられた荷物の表

荷物	価値（円）	重量(kg)
A	p	w
:	:	:

動的計画法の表

	0	..	w-1	w	..	n
A	0, {}	..	0, {}	p, {A}	..	p, {A}
:						

図 15.4 動的計画法での 1 行目の埋め方

表の 2 行目以降も，各行が表す荷物を「選ぶ」か「選ばない」かの二つの選択肢のうち，価値が大きくなる方を選択していく点では 1 行目と変わらないが，「選ぶ」場合の価値の計算方法に注意が必要である．図 15.5 のように，荷物 X の価値が p，重量が w であった場合，荷物 X の行の j 列目のマスの値の決め方は次のとおりである．まず X を「選ばない」場合の価値は一つ上の行の j 列目そのものとなる．X を「選ぶ」場合の価値は，一つ上の行の $j-w$ 列目の価値に p を加えたものになる（もちろん $j < w$ の場合は X を「選ぶ」選択はできない）．その二つを比較し，大きい方を採用する．「選ぶ」場合は，選択した荷物の集合に要素 X を追加することを忘れないようにする．

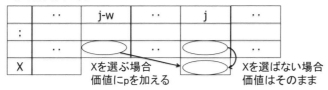

図 15.5 動的計画法での 2 行目以降の埋め方

例題 15.1

荷物の価値と重量が以下のとおりとする．ただし荷物は分割できないものとする．5 kg までしか運ぶことのできないナップザックに，できるだけ価値の合計が高くなるように詰めるにはどの荷物を選んだらよいか，動的計画法を用いて求めよ．

荷物	価値(円)	重量(kg)
A	400	5
B	300	4
C	200	2
D	300	1

例題 15.1 の正解例

荷物 B と D を選べば良い．その時の価値の合計は 600 である．動的計画法で完成した表は以下のとおり．

	0	1	2	3	4	5
A	0, {}	0, {}	0, {}	0, {}	0, {}	400, {A}
B	0, {}	0, {}	0, {}	0, {}	300, {B}	400, {A}
C	0, {}	0, {}	200, {C}	200, {C}	300, {B}	400, {A}
D	0, {}	300, {D}	300, {D}	500, {C,D}	500, {C,D}	600, {B,D}

ところで，0-1 ナップザック問題は「荷物ごとの重量が整数で表されている場合」には動的計画法で解けると述べた．ではそれぞれの重量が整数でない場合はどうだろうか．その場合に動的計画法を適用しようとしても，表の列をどれだけ用意すればよいかが事前にはわからない．荷物の重量の和を全通り求めてそれぞれの重量に対応した列を用意すれば良いが，それならば力まかせ探索を行うのと同じ手間がかかると言える．

174   第15章 目的別のアルゴリズムとデータ構造

15.3 練習問題

1. 荷物の全体価値と総重量が以下のとおりとする．ただし荷物はいくら
   でも分割でき，価値は重量に比例しているとする．5 kg までしか運ぶ
   ことのできないナップザックに，できるだけ価値の合計が高くなるよ
   うに詰めるにはどの荷物をどれだけ選んだらよいか，貪欲法を用いて
   求めよ．

荷物	価値(円)	重量(kg)
A	360	4
B	400	5
C	200	2
D	300	2

2. 荷物の価値と重量が以下のとおりとする．ただし荷物は分割できない
   ものとする．5 kg までしか運ぶことのできないナップザックに，でき
   るだけ価値の合計が高くなるように詰めるにはどの荷物を選んだらよ
   いか，動的計画法を用いて求めよ．

(a)

荷物	価値(円)	重量(kg)
A	10	2
B	20	3
C	40	3
D	35	3

(b)

荷物	価値(円)	重量(kg)
A	10	1
B	20	2
C	40	3
D	80	4

(c)

荷物	価値(円)	重量(kg)
D	80	4
C	40	3
B	20	2
A	10	1

3. 0-1 ナップザック問題を動的計画法で解く場合，図 15.3 の表の中に値
   を求める必要のないマスがある．それはどこか答えよ．

15.4 15章のまとめ

問題ごとに適切なアルゴリズムとデータ構造を選択することの重要性を，
例を挙げて説明できるようになった．

1. 分割ナップザック問題は，貪欲法で解ける．速い．
2. 0-1 ナップザック問題は，貪欲法では解けない．力まかせ法で解ける
   が遅い．各荷物の重量が整数の場合は，動的計画法でも解ける．この
   場合は速い．

15.5 Python 演習

15.5.1 分割ナップザック問題の Python プログラム

分割ナップザック問題を貪欲法で解く Python プログラムをソースコード 15.1 に示す.

ソースコード **15.1** knapsack_div.py

```
 1  def max(A, n):
 2      def f(t): return t[1]/t[2]
 3      A.sort(key = f, reverse = True)
 4      b = 0; items = []
 5      for (i, p, w) in A:
 6          if n >= w:
 7              b = b + p
 8              items = items + [(i, w)]
 9              n = n - w
10          else:
11              b = b + p * n / w
12              items = items + [(i, n)]
13              break
14      return (b, items)
```

関数 max は, 与えられた荷物の名前と価値と重量からなるタプルのリスト A とナップザックの重量制限 n を受け取り, 貪欲法により分割ナップザック問題を解いて, 合計価値と, 荷物ごとの選んだ重量のリストを返す関数である.

プログラムの3行目に現れる式 A.sort() は, リスト A を整列したリストで上書きする関数である.

```
>>> A = [3, 1, 2]
>>> A.sort()
>>> A
[1, 2, 3]
```

sort にキーワード引数 key として関数を与えると, リストの各要素をその関数に与えた結果で比較し整列する.

176 第15章 目的別のアルゴリズムとデータ構造

```
>>> A = [3, 1, -2]
>>> def f(x): return x*x
...
>>> A.sort(key = f)
>>> A
[1, -2, 3]
```

プログラムの2行目では，そのためにリストAの要素のタプル（荷物名，全体価値，総重量）から「重量あたりの価値」を求める関数fを定義している．

```
>>> t = ('A', 400, 5)
>>> t[1]/t[2]
80.0
```

sortにキーワード引数reverseとしてTrueを与えると，リストの各要素を降順で整列する．

```
>>> A = [3, 1, 2]
>>> A.sort(reverse = True)
>>> A
[3, 2, 1]
```

プログラムの3行目では，そのためにリストAの要素を「重量あたりの価値」で降順に並べ替えるため，キーワード引数のkeyに前述の関数fを与え，reverseにTrueを与えている．

4行目では，合計価値を表す変数bと荷物ごとの選んだ重量のリストを表す変数itemsを導入している．

5行目以降では，整列済みの荷物を順に参照する．荷物iの総重量wがn（ナップザックの制限の残り）以下の場合は丸ごと選ぶことにし，nを超える場合は制限ちょうどの重量nだけ選ぶことにして，bとitemsとnを更新している．超える場合はそのあとの荷物について調べる必要はないため，break文でfor文を終了している．

図15.1と同じ荷物の情報をリストAとして与え，15.1節と同じ結果が得られていることが以下で確認できる．

15.5 Python 演習   *177*

```
>>> from knapsack_div import *
>>> A = [('A',400,5),('B',300,4),('C',200,2),('D',300,1)]
>>> max(A, 5)
(660.0, [('D', 1), ('C', 2), ('A', 2)])
```

15.5.2　01-ナップザック問題の Python プログラム

0-1 ナップザック問題を動的計画法で解く Python プログラムをソース
コード 15.2 に示す.

ソースコード 15.2　knapsack01.py

```
1  def max(A, n):
2      B = [(0, [])] * (n + 1)
3      for (i, p, w) in A:
4          for j in range(n, w − 1, −1):
5              if B[j − w][0] + p > B[j][0]:
6                  B[j] = (B[j − w][0] + p, B[j − w][1] + [i])
7          print(i, B)
```

　関数 max は, 与えられた荷物の名前と価値と重量からなるタプルのリス
ト A とナップザックの重量制限 n を受け取り, 図 15.3 のような動的計画
法の表を表示する関数である. 表の各マスは, 選ばれた荷物の合計価値と,
選ばれた荷物の名前のリストのタプルで表現されている.

　関数 max(A, n) が保持している B は, 正確には図 15.3 のような「荷物
の個数」行 n+1 列の表ではなく, 長さ n+1 のリストである. これを「荷物
の個数」回更新しながら生成することで, 動的計画法を実現している.

　2 行目では, リスト B の初期値として, 合計価値 0 と荷物の空リストか
らなるタプルのリストを返している. リストに対する * による掛け算は, 6
章で述べたとおりリストの連結演算 + の繰返しを意味している. すなわち
(0,[]) からなる長さ n+1 のリストが生成される.

　3 行目以降では, リスト A からタプル (i, p, w) を順に取り出し, 4 行
目以降を繰り返し実行している.

　4 行目から 6 行目では, 各制限 j として n から w までを考え, 荷物 i を
選んだ場合の価値 B[j-w][0]+p と選ばなかった場合の価値 B[j][0] を比
較し, 前者が高い場合は B[j] を更新している. B の要素は (合計価値, 荷
物のリスト) という形のタプルなので, [0] で取り出すと合計価値, [1] で
取り出すと荷物のリストを意味する.

　6 行目は B[j] を丸ごと新しいタプルで更新している. タプルはミュータ

178   第 15 章　目的別のアルゴリズムとデータ構造

ブルではないので内部の特定の要素だけを更新することはできないことに
注意すること.

```
>>> t = (10, 20)
>>> t[0] = 30
Traceback (most recent call last):
  File "<stdin>", line 1, in <module>
TypeError: 'tuple' object does not support item assignment
```

例題 15.1 の荷物の情報をリスト A として与え，例題 15.1 と同じ出力が
得られていることが以下で確認できる（この出力は必要に応じて改行して
ある）.

```
>>> from knapsack01 import *
>>> A = [('A',400,5),('B',300,4),('C',200,2),('D',300,1)]
>>> max(A, 5)
A [(0, []), (0, []), (0, []), (0, []), (0, []), (400, ['A
']]]
B [(0, []), (0, []), (0, []), (0, []), (300, ['B']), (400
, ['A'])]
C [(0, []), (0, []), (200, ['C']), (200, ['C']), (300, ['
B']), (400, ['A'])]
D [(0, []), (300, ['D']), (300, ['D']), (500, ['C', 'D'])
, (500, ['C', 'D']), (600, ['B', 'D'])]
```

15.6 練習問題正解例

練習問題 2(b) と 2(c) は，実は荷物の価値と重量の設定は同じであり，順番だけが異なっていることに気付くだろう．2(b) は荷物が重量の昇順で並んでおり，2(c) は降順で並んでいる．その違いによって動的計画法でできる表がどのように変わるかを実感してもらうための練習問題であった．2(c) の方が空集合で埋めるしかないマスが多いため，計算が簡単である．

練習問題 1 の正解例

重量あたりの価値は，荷物 A が $\frac{360}{4} = 90$，荷物 B が $\frac{400}{5} = 80$，荷物 C が $\frac{200}{2} = 100$，荷物 D が $\frac{300}{2} = 150$（単位はいずれも 円/kg），となり，この比の高い順に並べると，D，C，A，B となる．

続いて貪欲法を用いて運ぶ重量を決めていく．荷物 D については総重量の 2 kg を全部運んでもナップザックの制限がまだ 3 kg 残っている．次に荷物 C は総重量の 2 kg を全部運んでもナップザックの制限がまだ 1 kg 残る．次の荷物 A は，総重量の 4 kg を全部運ぶことはできないので，制限ちょうどの 1 kg 分を運ぶことにする．荷物 B は全く運ぶことができない．この場合，ナップザック全体の価値は $300 + 200 + 90 = 590$ 円となる．これが最適解である．

練習問題 2(a) の正解例

荷物 A と C を選べばよい．その時の価値の合計は 50 である．動的計画法で完成した表は以下のとおり．

	0	1	2	3	4	5
A	0, {}	0, {}	10, {A}	10, {A}	10, {A}	10, {A}
B	0, {}	0, {}	10, {A}	20, {B}	20, {B}	30, {A,B}
C	0, {}	0, {}	10, {A}	40, {C}	40, {C}	50, {A,C}
D	0, {}	0, {}	10, {A}	40, {C}	40, {C}	50, {A,C}

練習問題 2(b) の正解例

荷物 A と D を選べばよい．その時の価値の合計は 90 である．動的計画法で完成した表は以下のとおり．

	0	1	2	3	4	5
A	0, {}	10, {A}	10, {A}	10, {A}	10, {A}	10, {A}
B	0, {}	10, {A}	20, {B}	30, {A,B}	30, {A,B}	30, {A,B}
C	0, {}	10, {A}	20, {B}	40, {C}	50, {A,C}	60, {B,C}
D	0, {}	10, {A}	20, {B}	40, {C}	80, {D}	90, {A,D}

180　第 15 章　目的別のアルゴリズムとデータ構造

―― 練習問題 2(c) の正解例 ――――――――――――――――――――――

荷物 A と D を選べばよい．その時の価値の合計は 90 である．動的計画法で完成した表は以下のとおり．

	0	1	2	3	4	5
D	0, {}	0, {}	0, {}	0, {}	80, {D}	80, {D}
C	0, {}	0, {}	0, {}	40, {C}	80, {D}	80, {D}
B	0, {}	0, {}	20, {B}	40, {C}	80, {D}	80, {D}
A	0, {}	10, {A}	20, {B}	40, {C}	80, {D}	90, {D,A}

―― 練習問題 3 の正解例 ――――――――――――――――――――――

A_m の行の $j = 0$ から $j = n - 1$ までの列の要素は求める必要がない．それを求めなくても，最終的な解である A_m の行の $j = n$ の列の要素は求まる．

付録　Pythonを使うために！

　ここでは，本書で使われているPython言語の準備を与える．C言語やJava言語などのプログラミング経験がある人に，違いを手っ取り早くわかってもらうための導入編，ツール類の環境を整えるための準備編，そして，インタプリタ言語のPythonをバッチ処理で駆動するためのPythonスクリプトファイル・インタフェース編からなる．

A.1　導入編

A.1.1　インタプリタ上でPythonを実行

　Pythonはインタプリタ言語である（図A.1参照）．電卓のように，ユーザがキーボードのキーを打ちながら，パソコン上のインタプリタを使って

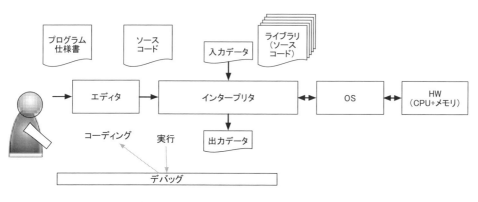

図 **A.1**　インタプリタ言語

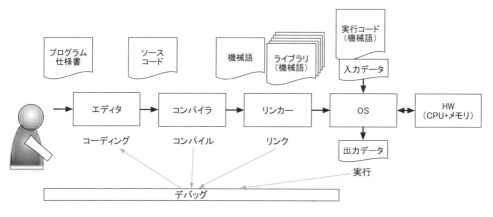

図 **A.2**　コンパイラ言語

182 付録 Python を使うために！

計算する．または，パソコン上のエディタでプログラムを作成した上で，インタプリタを駆動する．Python 言語は，人が操作しやすい言語になっていることが特徴で，この節でその一端を紹介する．

C 言語を代表とするコンパイラ言語（図 A.2 参照）では，記述したプログラムを，コンパイラにより，計算機にとっては効率的に実行できる機械語に変換する．プログラムが大規模になると，各種ファイルを関係付けるため，これらの段階を意識する必要がある．

インタプリタ言語は実行して間違えればそこで修正すればよく，一般にはデバッグが容易であると言われる．しかし，大規模プログラムではデバッグも他の言語と同じく困難なことに加え，実行中にインタプリタというソフトウェアが命令を解釈してから実行するので，効率が悪く，機械語に変換されたコンパイラ言語に比べ処理が遅い．

しかしながら，近年，Python のインタプリタや，Python のソースコードや，C 言語などで作成された機械語のライブラリを駆動できるハイブリッド機能も加わり，この短所も減りつつある．

A.1.1.1　Python インタプリタ起動

$ などのコマンドプロンプト表示でユーザにキーを打つことをうながすことが一般的な CLI（コマンドラインインタフェース，A.2.4 節参照）であり，Python インタプリタを起動する例を以下に示す．人がキーボードから文字列を入れ，enter キー（または，return キー）を押せば，パソコンにコマンド（命令）を与えたことになる．

プロンプト $ に続いて「python」といれ，enter キーを押すと，Python インタプリタが立ち上がり，Python インタプリタ内のプロンプト >>> が表示され，Python のコマンド投入をユーザにうながす．

ここで python と打って，>>>が出てくるまで部分は，インストールされる Python インタプリタの環境によって異なる．

```
$ python
Python 3.6.4 |Anaconda, Inc.| (default, Jan 16 2018, 12:04:33)
[GCC 4.2.1 Compatible Clang 4.0.1 (tags/RELEASE_401/final)] on darwin
Type "help", "copyright", "credits" or "license" for more information.
>>>
```

A.1.1.2　四則演算

電卓では代表的な加減乗除からなる四則演算の操作を確認しよう．3+2 を入れた後，enter または return キーを押す．普通の電卓では，結果が欲しくなったところで，イコール＝のキーを押すのと同じように enter を押す．以下では，画面上に表示されない enter キーは略している．

A.1 導入編 183

表 **A.1** 2項演算子

演算子	意味	備考
+	加算	+3 のような単項演算も含む.
–	減算	x-y では左項 x から y を引く. -3 のような単項演算もする.
*	乗算	
/	除算	x/y では左項 x を y で割った商を求める.
//	整数除算	x//y では整数同士で割ったときの整数の商を求める.
%	整数剰余算	x//y では整数同士で割ったときの整数の剰余を求める.
**	べき乗算	x**y では x を y 乗する.

　プロンプト>>>の後に，次のようにキーを打つことにすれば，3/2 までは納得できるだろう．しかし，その次の//と%が目新しい．これらは，小学校で教えられる整数同士の割り算で，整数の商と，その余りの剰余を計算する演算子であり，入力の2項と出力は整数である．また，3**2 はべき乗の 3^2 を意味する．なお，これら代表的な2入力の演算子を表 A.1 に示す．

```
>>> 3+2
5
>>> 3-2
1
>>> 3*2
6
>>> 3/2
1.5
>>> 3//2
1
>>> 3%2
1
>>> 3**2
9
```

　慣れるためには，いろいろ数字をいれて試すとよいだろう．小数点や括弧 () を使う演算は，電卓と同じである．

A.1.1.3　Python インタプリタの終了

　インタプリタは，以下のように，exit() を入れ，CLI のプロンプトが出たところで終わる．関数 exit() の代わりに，^d（control キーを押したまま d を押す）でもよい．

184   付録　Python を使うために！

```
>>> exit()
$
```

A.1.2　関数電卓利用

　ここでは，関数電卓の使い方を示す．数学関数として，Python が用意している関数モジュールを呼び出して実行する．C 言語など他のコンピュータ言語のライブラリと同じように，平方根や三角関数に加え，組込みの定数である円周率 π や自然対数の底 e まで，次のように利用できる．

```
>>> from math import *
>>> sqrt(2)
1.4142135623730951
>>> cos(3)
-0.9899924966004454
>>> pi
3.141592653589793
>>> e
2.718281828459045
```

　ここで from math import * は数学関数のライブラリの呼出し部分であり，$\sqrt{2}$ の実行に対し，sqrt(2) のコマンドを入れる．これは，他のモジュールも使うなどの混乱がない場合の記述方法であり，一般には import math と宣言した上，math.sqrt(2) と記述し，math のクラス名を明示的に付加する．以下に，その記述例を示す．結果は同じなので，計算結果は略した．

```
>>> import math
>>> math.sqrt(2)
>>> math.cos(3)
>>> math.pi
>>> math.e
```

　なお，取り込む関数が sqrt に限定されるならば，from math import sqrt と入れ，>>> sqrt(2) で実行することも可能である．また，モジュール名に別名をつけることもできる：import math as mt とし，mt.sqrt(2) で実行する．さらに，クラスの関数に別名をつけて呼び出すこともできる：from math import sqrt as sq とし，sq(2) で実行する．

A.1.3　プログラマブル関数電卓の利用
A.1.3.1　手順

　1～5 までの整数の足し算を考えよう．Python インタプリタでの手順（プロシジャー）を見てみよう．

```
>>> s=0
>>> for i in [1,2,3,4,5]:
...     s=s+i
...
>>> s
15
```

最初に，s=0 で，整数型の変数 s を宣言するとともに，0 に初期化する．次に繰返し処理として，Python 独特の書き方で，1 から 5 の整数の並びからなるリスト (list) [1,2,3,4,5] について，左から順番にその要素をとりだし，変数 i にその値を入れ，内包され繰り返される式を実行する．繰返し部分は，for 文のリストの後ろのコロン:から始まり，インデントによる固まりで与えられる．つまり，for 文に内包される固まりの部分は，どの行も左から 4 文字分あけて（インデント）配置する．同じインデントだけ開けてあるならば複数行あっても固まり（ブロック）として，for 文に内包されるとインタプリタが解釈する．

ここでは 1 行のみの実行であり，インタプリタに対して，for 文に内包されるブロックの終わりを示すため，空行を押し，Python の元のプロンプト>>>に戻る．処理はすでに行われていて，ユーザが s と入れれば，s の結果である 15 が表示される．

A.1.3.2　関数の定義と利用

前節では，手順が若干複雑になったので，繰返しの部分を loop という関数に切り出して表現してみよう．

```
>>> def loop():
...     s=0
...     for i in [1,2,3,4,5]:
...         s=s+i
...     return s
...
>>> loop()
15
```

Python では，[1,2,3,4,5] のリストを自動生成する関数 range(1,6) が用意されている．range 関数では，第 1 変数の 1 で 1 からカウントが始まることを示し，第 2 変数の 6 で，その 1 つ前の 5 まで連続して値を生成する．

なお，for 文と組み合わせず，インタプリタ上で，range(1,6) と単独で入れてもそのままの文字表示（エコー表示）となる．インタプリタ上できちんとリストを表示させたい場合，list(range(1,6)) とする．for 文内では，range 関数は list 関数がなくてもリストに展開される．

```
>>> def loop(end=5):
...     s=0
...     for i in range(1,end+1):
...         s=s+i
...     return s
...
>>> loop()
15
>>> loop(10)
55
>>> loop(100)
5050
>>> loop(1000)
500500
```

　一度関数を用いると，引数をいろいろ変えられて計算結果を得ることができる．`def loop(end=5):` から始まる部分が，関数の定義に相当する．その利用では，`loop(10)` が関数実行を促し，55 という値を持つことになる．`loop(x)` の引数 x は色々入れ替えて実行できる．ただし，`loop()` では，引数がないので，関数内部で end=5 と補って処理をする．関数定義では，`return s` により，関数に s なる戻り値を与える．

A.1.3.3　ファイルに記述される関数プログラム

　前述の `loop` 関数を，パソコン上でファイル **a_prog1.py** に蓄え実行することができる．

ソースコード A.1　a_prog1.py

```
1 def loop(end=5):
2     s=0
3     for i in range(1,end+1):
4         s=s+i
5     return s
```

　関数のファイルと同じディレクトリで **python** と命令し，Python のインタプリタを起動すると，先ほどと同様に，以下のように実行できる．自分の記述した **a_prog1.py** がモジュールとして扱われ，中の関数 `loop` がクラスとして導入されるのである．ここで，モジュールのファイル名には属性の **py** が付いているけれど，Python のインタプリタ上では除かれ，モジュール名だけを記載することに注意したい．

```
>>> from a_prog1 import loop
>>> loop()
15
>>> loop(10)
55
>>> loop(100)
5050
>>> loop(1000)
500500
```

A.2 準備編（ツール入手など）

A.2.1 ANACONDA の入手

Web ブラウザーのアドレス `https://www.python.jp/install/anaconda/` から，ツールを入手できる．Windows，macOS，Linux のそれぞれの環境に合わせて，Python を動かす環境に加え科学技術計算などの各種ツール類が，Python のパッケージとして Anaconda から一括して提供される．

Anaconda をインストールしなくても，macOS と Linux では，計算機の環境として，Python があらかじめ入っていることがある．しかし，本書が前提とする Python3 と互換性のない古いバージョンの Python2 のままであったり，各種ツール類が同梱されてないことが多いので，この Anaconda から，パソコンのシステムに合わせて，Python 3.6 version などのパッケージをインストールするのが良いだろう．

バージョン情報は Python 3.6 version などで示される．3 はメジャーなバージョンであり，6 がサブバージョン番号を示し，Python が更新される度に増える．仮に 6 より大きな数字になれば，さらに最新のソフトであることが示される．

本書の執筆段階では Anaconda は英語版しか提供されていない．しかし，「Anaconda インストールの仕方」などのキーワードでネット検索をかければ，多くの解説が得られるので問題ないだろう．

ただし，ソフトのダウンロードでは注意が必要である．python.jp，python.org など実績のあるドメイン名を有するアドレスの Web ブラウザーに接続するのがよい．それ以外のドメイン名など疑わしい場合は，そこでのドメイン名と一緒に「トラブル」というキーワードを入れネット検索をかけるのが無難であろう．怪しげなサイトに誘導されない，つまりフィッシングを避ける注意が必要である．また，コンピュータ・ウィルスが仕掛けられないためでもある．

A.2.2 Python の翻訳情報と Python ツールの入手

Python の提供元から Python の最新情報を得る場合は，ネットからデー

▶[プログラミング言語
Python]
　http://www.python.jp/
(Accessed: 2021-5-12).

▶[python]
　http://www.python.org/
(Accessed: 2021-5-12).

▶[杜甫々著「Python 入門」]
　http://www.tohoho-web.
com/python/index.html
(Accessed: 2021-5-12).

タを入手できる．たとえば日本向サイト「プログラム言語 Python」や開発元サイト「python」をあたると，親切な日本語での情報や，最新の情報が提供されている点が特徴である．他にも，杜甫々著：「Python 入門」サイトなどが役立つ．

A.2.3　iOS 環境のツール類の入手

　タブレット系の iPhone と iPad 上でも，パソコンで実現できる Anaconda 並みの Python と開発環境付きのツールが入手できる．本書の執筆段階では Pythonista 3 があり，App Store から比較的低予算で入手可能である．

A.2.4　ユーザ・インタフェース

　Anaconda 経由でダウンロードすると，Python 本体に加え，Spyder と Jupyter Notebook (IPython) というユーザ開発環境を使うことができる．これらは，GUI（Graphical User Interface，グラフィカル・ユーザ・インタフェース）の開発環境で，ユーザの操作が楽にできるように工夫されている．そういった贅沢な環境では，そのツール独自の説明に従うことである．
　一方，本書では，一貫して，最もシンプルで，どんなパソコン環境でも動かせる一番単純な CLI（Command Line Interface，コマンド・ライン・インタフェース）の環境に基づき説明がされている．Windows のコマンドプロンプトや Cygwin，macOS の Terminal（ターミナル），または Linux(UNIX) のターミナルで，CLI または CUI（Character User Interface，キャラクタ・ユーザ・インタフェース）の環境で操作しプログラミングする前提となっている．

A.3　Python スクリプトファイル・インタフェース

　関数に相当するクラス群が入っているモジュールをファイルとして蓄えることができても，プログラムの実行として，Python インタプリタを立ち上げ逐次的にモジュール名やクラス名を思い出して実行するのは，操作者にとっては負担である．
　そこで，CLI ベースの端末，つまり Terminal などから直接実行する方法が与えられている．プログラムは Python インタプリタが実行するので，見かけは C や Java のプログラムを CLI ベースの端末から実行するのと同じになる．前述の a_prog1.py のファイルがあったとして，一連の Python 上の操作を a_prog2.py に蓄えて実行してみよう．

A.3 Python スクリプトファイル・インタフェース　　*189*

ソースコード **A.2** a_prog2.py

```
1 from a_prog1 import loop
2 loop()
3 loop(10)
4 loop(100)
5 loop(1000)
```

CLI 上では以下だけを実行する.

```
$ python a_prog2.py
```

でも，何も表示されない．内部的な処理経過を表示する Python インタプリタと，CLI ベース端末画面（Terminal 上など）での実行では，「表示」を意識的に記述する必要があり，a_prog3.py のように，print 関数を使う．

ソースコード **A.3** a_prog3.py

```
1 from a_prog1 import loop
2 print(loop())
3 print(loop(10))
4 print(loop(100))
5 print(loop(1000))
```

```
$ python a_prog3.py
15
55
5050
500500
```

数字の羅列だけでは分かりにくいので，a_prog4.py のように，print 関数の引数に書式を適当に補って記述することができる．なお，\t はタイプライタのタブ機能と同様にスペースを空けるための書式である．

ソースコード **A.4** a_prog4.py

```
1 from a_prog1 import loop
2 print("loop()\t\t",loop())
3 print("loop(10)\t",loop(10))
4 print("loop(100)\t",loop(100))
5 print("loop(1000)\t",loop(1000))
```

```
$ python a_prog4.py
loop()          15
loop(10)        55
loop(100)       5050
loop(1000)      500500
```

モジュール提供のファイル a_prog1.py を a_progX.py のように変えれば，モジュールを呼び出す使われ方と，処理の実行例を示すことの2通りの目的をかなえることができる．

ソースコード **A.5** a_progX.py

```
1  def loop(end=5):
2      s=0
3      for i in range(1,end+1):
4          s=s+i
5      return s
6
7  if __name__=='__main__':
8      end=int(input("Please Enter integer n>>"))
9      print("loop("+str(end)+")=",loop(end))
```

if name ==' __main__' :は，ファイルをPythonから直接呼ぶときに実行する処理の条件分岐に使えることに留意しよう．モジュールとして呼び出すときは関数部分しか使われず，ファイルをスクリプトとして単独に呼び出すときは main のパートから実行し，以下に後者の例を示す．

```
$ python a_progX.py
Please Enter integer n>>100
loop(100)= 5050
```

参考文献

1) Alfred V. Aho, John E. Hopcroft, Jeffrey D. Ullman 著，大野義夫 訳：『データ構造とアルゴリズム』，培風館，1987.

2) 西尾章治郎 監修，原隆浩，水田智史，大川剛直 著：『アルゴリズムとデータ構造』，共立出版，2012.

3) 上原隆平 著：『はじめてのアルゴリズム』，近代科学社，2013.

4) 石本敦夫 著：『Python 文法詳解』，オライリー・ジャパン，2014.

5) 藤原暁宏 著：『アルゴリズムとデータ構造 第 2 版』，森北出版，2016.

6) Guido van Rossum 著，鴨澤眞夫 訳：『Python チュートリアル 第 3 版』，オライリー・ジャパン，2016.

7) 川又雄二郎，坪井俊，楠岡成雄，新井仁之 編：『朝倉 数学辞典』（フラクタル集合の項目），朝倉書店，2016.

索　引

記号

... . 19
; 19
= 9
== 8

B

bool 型 8
break 文 45

D

def 文 9
del 151

E

elif 20
else 節 19

F

False 8
float 型 7
for 文 31

I

if 文 19
int 型 7
is 10

L

len() 31
list 型 8

N

None 8
NoneType 型 8

P

print() 21
Python 7

R

range 型 31, 45
return 文 9

S

set 型 8
sort() 175
str() 115
str 型 7

T

True 8
tuple 型 8

W

while 文 20

あ

後入れ先出し (last-in first-out, LIFO) 122
アルゴリズム (algorithm) 2
イテラブル (iterable) 9
枝 (edge) 110
枝刈り (pruning) 160
エンキュー (enqueue) 123
オーダー (order) 89
オブジェクト (object) 7
重み (weight) 146
重み付き無向グラフ (weighted undirected graph)
.... 146
親 (parent) 111

か

返り値 (return value) 9
型 (type) 7
関数 (function) 8, 62
完全 2 分木 (complete binary tree) 135
木 (tree) 110
キーワード引数 (keyword argument) 129
擬似コード (pseudocode) 16
キュー (queue) 123
クイックソート (quick sort) 98
グラフ (graph) 146
計算可能性 (computability) 4
計算量 (complexity) 5
形式手法 (formal method) 17
子 (child) 111
降順 (descending order) 26

さ

最悪計算量 (worst case complexity) 29
再帰的定義 (recursive definition) 62
最短経路の数え上げ問題 (shortest path counting)
. . . . 76
最短路問題 (shortest path problem) 146
最良優先探索 (best-first search) 147
先入れ後出し (first-in last-out, FILO) 122
先入れ先出し (first-in first-out, FIFO) 123
参照 (refer) 9
シーケンス (sequence) 9
シーケンスアンパッキング (sequence unpacking) . . 33
シェルピンスキーのギャスケット (Sierpinski gasket)
. . . . 72
時間計算量 (time complexity) 5
辞書 (dictionary) 151
集合 (set) 8
仕様 (specification) 17
条件分岐 (conditional branch) 15
昇順 (ascending order) 26
スタック (stack) 122
スライス (slice) 93
制御構造 (control structure) 16
整列 (sort) 4
節点 (node) 111
0-1 ナップザック問題 (0-1 knapsack problem) . . . 170
漸化式 (recurrence relation) 62
漸近的計算量 (asymptotic complexity) 89
線形探索 (linear search) 110
選択ソート (selection sort) 26
挿入ソート (insertion sort) 38
ソフトウェア工学 (software engineering) 17

た

ダイクストラ法 (Dijkstra's algorithm) 147
対数 (logarithm) 89
ダグ (directed acyclic graph) 158
タプル (tuple) 8
タプルパッキング (tuple packing) 33
探索 (search) 4, 110
力まかせ探索 (brute-force search) 158
逐次実行 (sequential execution) 15
頂点 (vertex) 110
データ構造 (data structure) 3
デキュー (dequeue) 123
テスト (test) 17
デフォルト値 (default value) 70
動的計画法 (dynamic programming) 65
貪欲法 (greedy algorithm) 149

な

長さ (length) 146
2 分木 (binary tree) 111
2 分探索 (binary search) 110

2 分探索木 (binary search tree) 111
根 (root) 111

は

バケットソート (bucket sort) 41
ハノイの塔 (Tower of Hanoi) 74
幅優先探索 (breadth-first search) 125
バブルソート (bubble sort) 50
反復 (iteration) 16
ヒープ (heap) 134
ヒープソート (heap sort) 135
引数 (argument) 9
ピボット (pivot) 98
ビンソート (bin sort) 41
フィボナッチ数列 (Fibonacci sequence) 62
深さ優先探索 (depth-first search) 125
プッシュ (push) 122
部分木 (subtree) 111
フラクタル (fractal) 72
フローチャート (flowchart) 15
分割統治法 (divide and conquer) 62
分割ナップザック問題 (division knapsack problem)
. . . . 170
平均計算量 (average case complexity) 29
辺 (edge) 110
変数 (variable) 9
ポップ (pop) 122

ま

マージソート (merge sort) 86
待ち行列 (queue) 123
道 (path) 146
ミニマックス法 (minimax) 159
ミュータブル (mutable) 10
無向グラフ (undirected graph) 146
無条件ジャンプ (unconditional jump) 16
メモリ (memory) 3
文字列 (string) 7
戻り値 (return value) 9

や

有向グラフ (directed graph) 110
優先度付きキュー (priority queue) 134

ら

リスト (list) 8
リスト内包 (list comprehension) 80
領域計算量 (space complexity) 5
両端キュー (double-ended queue) 127

著者略歴

西澤弘毅 (にしざわ　こうき)

2001 年　東京大学理学部情報科学科卒業
2006 年　東京大学大学院情報理工学系研究科博士課程修了　博士（情報理工学）
2006 年　産業技術総合研究所システム検証研究センター特別研究員
2007 年　東北大学大学院情報科学研究科助教
2008 年　鳥取環境大学環境情報学部講師
2013 年　神奈川大学工学部，同大学大学院工学研究科准教授
2023 年　神奈川大学情報学部，同大学大学院工学研究科教授

森田　光 (もりた　ひかる)

1980 年　北海道大学工学部電子工学科卒業
1982 年　北海道大学大学院工学研究科電子工学専攻　博士前期課程修了
1993 年　北海道大学　博士（工学）
1982 年　電電公社（現，NTT），同社電気通信研究所所属
2005 年　神奈川大学工学部（2023 年より情報学部），同大学大学院工学研究科教授

Python で体験してわかる
アルゴリズムとデータ構造

© 2018 Koki Nishizawa, Hikaru Morita

Printed in Japan

| 2018 年 6 月 30 日 | 初 版 発 行 |
| 2025 年 4 月 30 日 | 初版第 5 刷発行 |

著　者　　西　澤　弘　毅
　　　　　森　田　　光

発行者　　大　塚　浩　昭

発行所　　株式会社 近代科学社

〒 101-0051　東京都千代田区神田神保町 1 丁目 105 番地
http://www.kindaikagaku.co.jp

藤原印刷　　**ISBN978-4-7649-0570-2**

定価はカバーに表示してあります.

世界標準 MIT 教科書

高度な設計と解析手法・高度なデータ構造・グラフアルゴリズム

アルゴリズムイントロダクション

著者：T. コルメン　C. ライザーソン　R. リベスト　C. シュタイン
訳者：浅野 哲夫　岩野 和生　梅尾 博司　山下 雅史　和田 幸一

第 3 版 [総合版]

第 1 巻＋第 2 巻
＋精選トピックス
（第 1～35 章，付録）

B5 判・1120 頁
定価 14,000 円＋税

第 3 版 [第 1 巻]

基礎・ソート・
データ構造・数学

B5 判・424 頁
定価 4,000 円＋税

第 3 版 [第 2 巻]

高度な設計と解析手法・
高度なデータ構造・
グラフアルゴリズム

B5 判・400 頁
定価 4,000 円＋税

世界標準 MIT 教科書

Python 言語による プログラミングイントロダクション 第2版
― データサイエンスとアプリケーション

著者：John V. Guttag
監訳：久保 幹雄
訳者：麻生 敏正　木村 泰紀　小林 和博　斉藤 佳鶴子　関口 良行
　　　鄭 金花　並木 誠　兵頭 哲朗　藤原 洋志

B5 判・416 頁・定価 4,600 円＋税

最新にして最強!! MIT 人気講義の教科書、第2版!
大変好評を得ている，MIT のトップクラスの人気を誇る講義内容をまとめた計算科学の教科書の第2版．今回の改訂では，後半の内容が大幅に増え，新たに5章追加されている．特に「機械学習」を意識して，統計学の話題が豊富になっている．Python 言語を活用して，計算科学を学ぶ読者必携の書！
Python Ver3.5 に対応！

近代科学社の 数 学 書

秋山 仁の A Day's Adventure in Math Wonderland
数学ワンダーランドへの1日冒険旅行
著者：秋山 仁・マリジョー・ルイス
監訳：秋山 仁　訳：松永 清子
B5変型・224頁・定価2,000円＋税

知ってる？シリーズ
人生に必要な数学50
著者：トニー・クリリー
監訳：野崎 昭弘　訳：対馬 妙
B5変型・322頁・定価2,000円＋税

数学の作法
著者：蟹江 幸博
A5・272頁・定価2,500円＋税

イアン・スチュアートの数学物語
無限をつかむ
著者：イアン・スチュアート
訳者：沼田 寛
菊判・348頁・定価3,300円＋税

万能コンピュータ
－ライプニッツからチューリングへの道すじ－
著者：マーティン・デイビス
訳者：沼田 寛
菊判・264頁・定価3,600円＋税

数学用語 英和辞典
編者：蟹江 幸博
A5変型・384頁・定価3,000円＋税